从数据要素到
数据资产入表

主　编　曹祯庭

副主编　黄一新　朱晨鸣　单志刚　白云朴

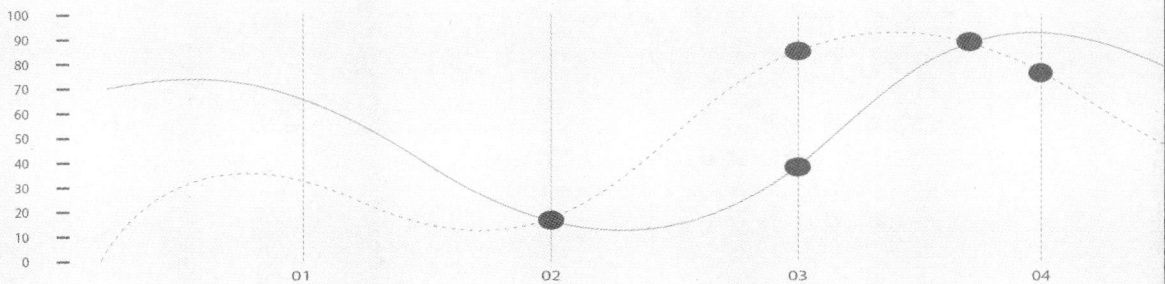

经济管理出版社
ECONOMY & MANAGEMENT PUBLISHING HOUSE

图书在版编目（CIP）数据

从数据要素到数据资产入表 / 曹祯庭主编；黄一新
等副主编. -- 北京：经济管理出版社，2025. -- ISBN
978-7-5243-0014-4

Ⅰ. F272.7

中国国家版本馆 CIP 数据核字第 202517V0C9 号

组稿编辑：王　洋
责任编辑：王　洋
责任印制：许　艳
责任校对：王淑卿

出版发行：经济管理出版社
　　　　　（北京市海淀区北蜂窝 8 号中雅大厦 A 座 11 层　　100038）
网　　　址：www. E-mp. com. cn
电　　　话：(010) 51915602
印　　　刷：唐山昊达印刷有限公司
经　　　销：新华书店
开　　　本：720mm×1000mm/16
印　　　张：13. 5
字　　　数：219 千字
版　　　次：2025 年 3 月第 1 版　　2025 年 3 月第 1 次印刷
书　　　号：ISBN 978-7-5243-0014-4
定　　　价：98. 00 元

本书编委会

主　编

　　曹祯庭

副主编

　　黄一新　朱晨鸣　单志刚　白云朴

参编人员（按姓名首字母排序）

　　曹甜甜　陈　康　黄　曼　景慎旗　李　新

　　刘志勇　孙茂杰　孙　旺　谭　坤　王　芳

　　王广耀　王廷生　王晓琛　徐发喜　张　艳

　　周博文　朱月美

前　言

当前，数字经济和数字技术快速发展，已成为推动经济增长的重要引擎，对数据的掌握与利用能力也随之成为各国综合竞争力的重要组成部分，正在极大地改变世界经济格局。近年来，世界主要国家和地区都将促进数字技术与数据挖掘利用设为重点发展对象，纷纷提出数字化规划或国家战略，谋求国际数字治理主动权。在此背景下，我国率先将数据列入关键生产要素，陆续印发了《"十四五"数字经济发展规划》《中共中央　国务院关于构建数据基础制度更好发挥数据要素作用的意见》《数字中国建设整体布局规划》《"数据要素×"三年行动计划（2024—2026年）》等专项文件，明确要求"坚持数据赋能"。"数据要素市场""数据资产""数据交易"等成为热词。

关注数据与数据价值，离不开以下三个方面：一是技术。大数据、云计算、物联网、人工智能、元宇宙、量子信息等技术的加速更新，特别是以ChatGPT为代表的大模型兴起，引起了各界对数据的空前关注。二是场景。数据的产生来自场景，流通的是特定场景下的数据使用权，其应用也自然要依托场景。这些场景不仅包含了政务、工业、金融、医疗健康、教育等行业级场景，也涉及供应链优化、市场营销、客户服务、决策支持、风险管理等企业业务场景。三是管理与评估。数据管理规范了数据采集、加工、利用全流程，是保障数据供给、促进数据流通、丰富数据应用的前提和基础。资产评估可以直接量化数据的经济价值，通过会计核算和入表审计，推动数据在组织内部和外部的流通，形成更大范围的数据循环利用。

本书从数据相关概念入手，遵循数据价值实现的路径，由表及里，逐步推进，系统分析了数据如何由要素资源转化为实际资产，突出了规范导向和实操导向。第一章为绪论，概述当前数据要素和数据资产发展面临的时代环境，指出全球已迈入数据新世界。第二章全面解析了数据要素的内涵与价值，通过构建理论框架并结合实际案例，阐述了数据要素价值化的过程和机制。第三章围绕数据价值流通形式——数据要素市场，提出了"数据要素资源化供给—数据要素资产化交易—数据要素场景化消费—数据要素安全性保障"的内在逻辑原理，进而构建我国数据要素市场体系。第四章围绕数据价值存在形式——数据资产，阐述相关主体开展数据资产管理的策略和技术，分步拆解其流程与要求。第五章从数据价值评估方式——数据资产入表着手，在国内外有关数据资产入表的现行法规和准则框架下，详细阐述数据资产入表的适用范围、适用准则和列示以及披露要求，并重点围绕数据资产入表实操流程和关键步骤进行深入分析。第六章主要关注数据资产入表后审计路径，重点阐述了数据资产审计权益识别、风险识别和价值评估的技术方法。第七章介绍相关案例，结合企业实践详细说明数据资产管理和入表的流程，总结其优秀做法和先进经验。第八章为前景展望，总结了数据要素市场建设与数据资产入表的发展趋势，为数字经济领域企业和从业人员提供方向性参考。

本书的完成仰赖许多人的帮助，他们分别是（排名不分先后）：曹祯庭、白云朴、黄一新、单志刚、朱晨鸣，等等。特别感谢南京钢铁股份有限公司、华东江苏大数据交易中心、北京海新域城市更新集团有限公司和江苏钟吾大数据发展集团有限公司提供了参考实例，也感谢经济管理出版社工作人员，提出了很多有益修改建议。真诚地感谢行业同仁为本书所提出的意见及所给予的支持。

由于笔者水平和能力有限，加之编写时间仓促，所以书中错误和不足之处在所难免，恳请广大读者批评指正。

编写组

2024 年 6 月

目　录

第一章

绪论

第一节　全球迈入数据新世界

一、以数据为核心要素的数字经济快速发展

当前，世界正在经历动荡变革，经济发展较为低迷，增长动能不足。联合国《2024年世界经济形势与展望》报告显示，全球经济增长会进一步放缓，预计将从2023年的2.7%降至2024年的2.4%。在此背景下，数字经济快速发展，成为助力经济持续复苏的重要力量。《全球数字经济白皮书（2023年）》报告显示，主要国家数字经济增速显著高于本国GDP增速，在GDP中贡献率逐步提升。2022年，全球51个主要经济体数字经济同比名义增长7.4%，高于同期GDP名义增速4.2%；数字经济占GDP比重为46.1%，同比增加1.8%。

数据作为一种新的生产要素，基础性、战略性资源的地位和作用与日俱增，承担了数字经济核心引擎的角色，通过与其他生产要素融合发挥倍增效应，实现效率、效能和质量跃升，正在重构着人类社会的生产生活方式和社会治理结构。根据国家工业信息安全发展研究中心《中国数据要素市场发展报告（2021—2022）》测算，数据要素对我国GDP增长的贡献率呈现持续上升态势，2021年达14.7%。从行业发展层面来看，数据要素对各个行业的产值影响具有较大差异，其中，信息传输、软件和信息技术服务业产值对数据要素最为敏感。从企业绩效层面来看，数据要素已显著提升企业总资产净利润率，数字化转型对于制造业企业的影响最大。2021年，数据要素使工业企业业务增长平均增加41.2%，生产效率平均提高42.8%，产品研发周期平均缩短15.3%，能源利用率平均提高10.2%。可见，数据价值化成为抓住新一轮科技革命和产业变革机遇、加快培育经济增长新引擎的必然要求，也是建设数据强国、塑造国家竞争新优势的战略需要。

二、相关顶层设计持续落地

随着数字经济的发展，数据的地缘政治重要性日益凸显，平台资源高度集中、数据安全和隐私保护需求迫切、存量数据利用率低等一系列问题不断涌现。为加强数据要素集聚和广泛应用，谋求基于数据的发展优势，各国不断深化对数据主权和规律的认识，纷纷出台国家数据战略和部署，相关政策以加快数据治理、完善数据开放共享和开发利用机制、建设数据要素市场、推进数据保护等为主要特征。

美国于 2012 年 3 月推出"大数据研究和发展倡议"，旨在促进大数据技术发展，挖掘数据资源价值。2016 年制定《联邦大数据研发战略计划》，提出聚焦新型技术、数据质量、基础设施、共享价值、隐私安全、人才培养和加强合作 7 大战略，打造有活力的国家大数据创新生态系统。2019 年发布《联邦数据战略》，围绕"将数据作为战略资产进行开发利用"核心目标，描述了未来十年美国的数据愿景，并从符合伦理的治理、有意识的治理设计和学习型文化建设三方面对联邦数据治理提出纲领性要求。在此基础上，制定推进联邦机构数据实践的年度行动计划，明确各政府机构的年度关键工作。同年，《开放政府数据法案》生效，正式确认了"非敏感"政府数据开放和统一政府数据开放平台的建设要求，成为全球数据开放立法里程碑。针对个人数据，实行"部门立法+行业自律"的模式，在传统隐私权的架构下，淡化数据所有权理念，从涉及主体各方权利义务的角度，制定个人数据收集、处理、利用、安全等活动的规则。2020年，美国国防部发布《国防部数据战略》，将数据视为战略资产，致力于将国防部建成以数据为中心的组织，利用数据推动联合全域作战。2022 年 4 月，美国国务院宣布成立网络空间和数字政策局，统筹美国网络外交工作。2022 年6 月发布《美国数据隐私和保护法案》，从联邦层面推动数据保护领域由分散的州立法走向统一。

英国的数据战略发端于 2008 年金融危机后的国际地位变化。2009 年，英国政府推出"数字英国"战略项目，意图通过改善基础设施、推广全民数字应用重获国际领先地位。2012 年发布《政府数字化战略》，由英国商业创新技能部牵头，成立数据战略委员会，以促进大数据驱动的社会经济增长。2017 年出台《数字发展战略》《政府转型战略（2017—2020）》，进一步规划建设数字政府。2020 年发布《国家数据战略》，强调数据基础、数据技能、数据可用性、数据使用的合规性和伦理是挖掘数据价值、抓住数据机遇的 4 项核心能力。2021 年公布脱欧后全球数据计划，将与美国、澳大利亚、新加坡、韩国、日本等国家建立全球数据合作伙伴关系，并签订新的数据传输协议，旨在为本国数字经济在脱欧后实现自主良性发展创造可靠条件。2022 年发布更新版《英国数字战略》，聚焦数字基础设施、创意和知识产权、数字技能和人才、数字化发展融资、促进数字化升级、提高本国国际地位 6 大领域，为英国打造未来世界领先的数字经济和全面推进数字转型，快速提升经济水平作出了全面具体的部署。

欧盟作为政治共同体，数据领域相关政策侧重于数据共享开放，消除成员国之间的信息屏障。2010 年 11 月，欧盟通信委员会向欧洲议会提交了《开放数据：创新、增长和透明治理的引擎》研究报告，围绕开放数据制定大数据相关战略。2011 年 11 月报告被欧盟数字议程采纳，作为"欧盟开放数据战略"部署实施。近年的数据政策着力于建设"单一数据市场"，强调立法引领，2018 年以来先后发布《通用数据保护条例》《数据保护执法指令》《非个人数据自由流动条例》《网络安全法案》《开放数据指令》《欧盟数据战略》《数据治理法》《数字市场法》《数字服务法》《关于公平访问和使用数据的统一规则的条例》等十余部文件，确立"个人数据"和"非个人数据"二元架构，构建起欧洲数据要素制度体系，立法逻辑从"重在保护，兼顾流动"转变为二者并重。为此，欧盟形成了从欧盟委员会、成员国、行业领域到企业的垂直化数据管理体制，分层级分领域开展相关实践。在捍卫"数字主权"的同时，欧盟推行数字联盟外交，在美国开设专门办公机构，以促进欧盟与美国在数字化领域的协调合作。

日本 2013 年公布"创建最尖端 IT 国家宣言"，全面确立了 2013～2020 年以发展开放公共数据和大数据为核心的新 IT 国家战略，提出要将日本打造成为一个"世界最高水准的广泛运用信息技术的社会"。在此框架下，2016年12月实施《官民数据活用推进基本法》，致力推动电子政务、医疗卫生、财政金融、农林水产、基础设施、交通物流、防灾减灾等重点领域的官民数据利用，以振兴区域经济、保障国民生活舒适安全，这也是日本首部专门针对数据利用的法律。2017年发布《世界最尖端数字国家创造宣言以及官民数据活用推进基本计划》和《数字政府推进方针决议》，2019年通过《数字政府实施计划》。2021年发布《综合数据战略》，完善数据全生命周期制度安排，提出"七层两要素"的数据治理架构，同年成立数字厅作为行政数字化推进机构。2022年6月发布《实现数字社会的重点计划》，明确通过数字化实现经济增长、通过数字化激发区域发展活力等目标。

中国是首个将数据增列为生产要素的国家，高度关注构建数据要素政策体系，已将其作为重点任务部署推进。2019年10月提出"数据"为生产要素的论断，2020年3月明确提出"加快培育数据要素市场"。2021年3月，《中华人民共和国国民经济和社会发展第十四个五年规划和2035年远景目标纲要》单设"加快数字化发展　建设数字中国"一篇，要求"加快建设数字经济、数字社会、数字政府"。同年6月出台的《数据安全法》，以法律文本的形式对"数据安全与发展"进行了明确和强化。2022年初，国务院印发《"十四五"数字经济发展规划》，明确"充分发挥数据要素作用"，列示"强化高质量数据要素供给""加快数据要素市场化流通""创新数据要素开发利用机制"三项重要举措。4月，《关于加快建设全国统一大市场的意见》明确要求"加快培育数据要素市场，建立健全数据安全、权利保护、跨境传输管理、交易流通、开放共享、安全认证等基础制度和标准规范"。6月，《国务院关于加强数字政府建设的指导意见》再次强调，"坚持数据赋能"。12月，《中共中央　国务院关于构建数据基础制度更好发挥数据要素作用的意见》（以下简称《数据二十条》）提出"数据基础制度建设事关国家发展和安全大局"，进一步明确建立数据产权制度、数据要素流通和交易制度、数据要素收益分配制度、数据要素治理制度。2023年2月，《数字中国建设整体布局规划》发布，为推动数字中国建设明确了方向。10月

25 日国家数据局挂牌成立，负责协调推进数据基础制度建设，统筹数据资源整合共享和开发利用，统筹推进数字中国、数字经济、数字社会规划和建设等。2023 年底，国家数据局等 17 部门印发《"数据要素×"三年行动计划（2024—2026 年）》，探索激活数据要素潜能。2024 年 4 月，国家发展改革委办公厅、国家数据局综合司印发《数字经济 2024 年工作要点》，将释放数据价值列为重点工作。

其他国家也在积极完善制度体系，采取多种举措以促进数据价值实现。德国于 2021 年发布《联邦政府数据战略》，确立了构建高效且可持续的数据基础设施、促进数据创新并负责任地使用数据、提高数字能力并打造数字文化、加强国家数字治理四大行动。新加坡推出世界范围内第一个智慧国家建设蓝图——《智慧国 2025 计划（2015-2025）》，在数字化转型过程中贯彻"以数据为核心，用心服务"的理念，成立智慧国家和数字政府工作组（SNDGG）统筹相关工作。韩国于 2020 年推出"数字新政"，提出通过实施数据大坝项目，扩大高质量公共数据，开放国家关键数据，以推动数据应用创新。其陆续出台《大韩民国数字战略》《促进公共数据提供与利用相关法》《个人信息保护法》《数据产业振兴及促进利用基本法》及《促进信息通信网利用和信息保护相关法》等法律，对数据生产、数据使用、数据流通交易、数据保护、基础设施建设等加以规定。澳大利亚发布《澳大利亚数据战略》，设定了澳大利亚到 2030 年成为现代数据驱动型社会的愿景，并表明政府致力于以消费者受益和保护消费者的方式促进有价值的数据流动。

三、数字技术加速迭代升级

科技创新与经济发展之间存在周期性的耦合，数字技术持续推进全球经济重塑变革。中国信息通信研究院预测，未来 10~15 年，以数字技术的变革及其与经济社会各领域融合创新为主要驱动的第四次工业革命将席卷全球，工业乃至实体经济各个产业将经历深刻的数字化转型。

依托数据要素，大数据、云计算、人工智能、元宇宙、量子信息、物联网、增强现实和虚拟现实等技术实现加速创新，呈现深度融合、高度复杂和多点突破态势，推进数据链、产业链、供应链深度融合，不断创新催生新产业、新业态、新模式。同时，支撑社会发展的基础设施也在数字技术的作用下进一步延伸，形成数字化、智能化的新型基础设施。生产领域相继出现了智能化车间、智能化工厂、智能化供应链；部分行业出现新一轮机器人对人工的替代；在社会领域，基于交通大数据和无人驾驶技术的"智慧交通"体系、运用医疗数据和远程技术的"智慧医疗"体系也在不断建设；在公共服务领域，"电子政务平台"功能不断完善，"元宇宙""脑机接口""人形机器人"等概念不断兴起。

全球范围内围绕数字技术的竞争日趋激烈。近年来，以 ChatGPT 为代表的大模型产品集中爆发，开启了通用人工智能时代，更是引发了全球范围内对于人工智能及其背后海量数据使用方式的普遍关注。例如，OpenAI 的 GPT-4，谷歌的 PaLM2 大模型，IBM 的 Watsonx 平台，百度的文心大模型，阿里巴巴的通义千问大模型，华为的盘古大模型，等等。

大国博弈进一步加剧，国家间技术封锁更加严格，少数国家利用其在全球数据资源和数字技术方面的先发优势，开展技术封锁、制裁与打压，出现了"数字霸权""数字垄断""长臂管辖"。美国明确将人工智能列为对华制裁的三大重点领域之一，制定了一系列出口管制措施。2024 年 1 月 26 日，美国商务部长吉娜·雷蒙多宣布限制外国客户，尤其是中国客户使用美国云计算厂商的服务训练 AI 大模型的计划，阻止中国利用美国技术发展人工智能。2023 年，欧盟发布一份包含量子技术、人工智能等在内的敏感技术清单，并计划对这些技术进行风险评估以针对性实施出口管制。

同时，部分前沿技术领域也出现了国际合作。2017 年，《"一带一路"数字经济国际合作倡议》发布，倡导"开展数字技术能力建设，欢迎和鼓励联合国贸易和发展会议、联合国工业发展组织、经济合作与发展组织、国际电信联盟和其他国际组织，在推动'一带一路'数字经济国际合作中发挥重要作用"。2020年，金砖国家制定了《金砖国家经济伙伴战略 2025》，鼓励数字技术合作。2023 年 6 月，英美共同发布《大西洋宣言：21 世纪英美经济伙伴关系框架》及

《21 世纪美英经济伙伴关系行动计划》，宣布建立美英数据桥，在数据保护方面开展更密切合作。同年 11 月，英韩联合发布《英韩数字化合作战略》；28 个国家和欧盟在全球人工智能安全峰会上共同签署世界首个 AI 协议——《布莱切利宣言》，促进全球共商人工智能安全措施。中国数字技术国家化水平进一步提升，2021 年，国际电信联盟发布了由中国信息通信研究院和百度牵头完成的"深度学习软件框架测试"国际标准，IEEE 发布由蚂蚁集团牵头完成的"隐私保护机器学习技术框架"国际标准。

四、数据要素市场潜力巨大

全球范围内数据量呈井喷式增长，规模已达 ZB 级，访问频率达到亿级每秒。意大利 PXR 研究机构数据统计，全球范围内创建、捕获、复制和消费的数据/信息量从 2010 年的 2ZB 增长到 2020 年的 64.2ZB。预计到 2025 年，全球数据总量将超过 181ZB。与此同时，2020 年全球大数据存储规模为 47ZB，很多数据未被真正存储。

根据 OnAudience 报告，全球市场对数据的需求正在不断增加，数据市场呈现出快速增长的趋势。2021 年，全球数据市场发展规模达 523 亿美元，同比增长达 26.20%。根据 IDC《2021 年 V1 全球大数据支出指南》预计，全球大数据市场支出规模将在 2024 年达到约 2983.0 亿美元，五年（2020～2024 年）预测期内全球大数据市场复合增长率将达到 10.4%。

数据资产货币化主要通过外部流通交易实现，市场空间巨大。由清华大学技术创新研究中心等机构共同编写、中新经纬研究院等联合发布的《企业数据确权与全球合规趋势报告（2023 年）》显示，2022 年全球数据交易平台市场价值为 10.8 亿美元，预计到 2028 年将达到 197.50 亿美元，预测期内复合增长率为 15.9%。

习近平总书记在 2023 年 9 月 7 日召开的新时代推动东北全面振兴座谈会上讲话时提出"积极培育新能源、新材料、先进制造、电子信息等战略性新兴产业，积极培育未来产业，加快形成新质生产力，增强发展新动能"。随着数字技术和产业体系快速发展以及国家重视程度的提高，未来我国数据要素有望迎来爆发式飞跃。

从数据规模看，国家工业信息安全发展研究中心发布的《全国数据资源调查报告（2023 年）》显示，受技术进步与智能设备规模应用的影响，2023 年，我国数据生产总量达 32.85ZB，同比增长 22.44%；数据总流量同比增长 7.6%，公共数据开放量同比增长超 16%；算力中心总数超 2200 个，算力规模约为 0.23 十万亿亿次浮点运算/秒（ZFLOPS），同比增长约为 30%。据 IDC 发布的 *Global Data Sphere* 2023 测算，2027 年中国数据量规模将达到 76.6ZB，五年的年均增长率将达 26.3%，为全球第一。

从数据要素市场规模看，根据《中国数据要素市场发展报告（2021 - 2022）》，2021 年我国数据要素市场规模达 815 亿元，预计"十四五"期间市场规模复合增速超过 25%，整体将进入群体性突破的快速发展阶段，且数字经济核心产业增加值占 GDP 比重已达到 10% 左右。各地方、各部门、各大企业纷纷加快数据要素领域布局，从体制机制、市场流通、产品研发、标准规范等多层次、多角度开展落地方案的深度探索，涌现出数据要素价值释放新热潮。

五、市场出现重大利好变化

中国信息通信研究院《数据要素白皮书（2023 年）》指出，人工智能正在从"以模型为中心"加速向"以数据为中心"转变，对数据要素供给提出更高要求。当前，数据交易机构加速成立，推动对数据交易模式和内容的探索。例如，"数据经纪"已成为当前美国数据交易的主要方式，诞生了 Acxiom、Corelogic、Datalogix、eBureau 等知名机构。中国也在加快建设数据交易市场体系，据不完全统计，国内数据交易机构已达 80 多家。其中，由地方政府发起、主导或批复的数据交易机构达 50 多家，如北京国际大数据交易中心、上海数据交易所等。各大数据交易机构交易主体、上架产品以及交易规模都处于快速发展态势，数据产品和服务类型日益丰富。

数据服务商迎来快速发展阶段。2021 年 11 月，上海数据交易所正式揭牌，上海全球数商大会同步举办，国内首次提出"数商"概念。上海数据交易所成立以来，累计和超 800 家数商成功对接，签约数商企业超过 500 家，涵盖数据资源集成商、数据产品供应商、数据分析服务商、数据咨询服务商、数据安全服务商。目前，中国数商企业主要集中于长三角、珠三角、京津冀和川渝地区。随着各地数据交易所的持续建设、扩容，数据交易生态正在逐步成熟，在数据交易流通的不同环节将孕育出更多细分类型企业，未来数商生态将快速发展，赋能数据要素价值实现。

第二节　本书编纂目标

数据已成为新时代重要的生产要素，是新质生产力的重要体现，"数据资源""数据资产""数据资本"等也成为大众耳熟能详的词汇。这些概念的演变体现了人们在生产过程中对数据的认识不断加深，从中折射出经济、技术、社会条件的变迁。

本书围绕数据要素价值实现路径，从专业视角全面介绍数据价值挖掘的原则和要求、技术、工具，并通过实例提供解决方案，可以帮助相关主体快速理解和把握数据利用逻辑，有效应对时代发展需要。同时，也希望借此激发读者的思考和探索精神，推动数据相关理论、技术、模型创新，促进数据产业生态建设，营造规范、开放、有序的良好社会氛围。

全书共八章。第一章介绍本书编纂的背景和意义，使读者在开篇便能对本书的重点内容有个初步的把握。第二章全面解析数据要素的内涵与价值，通过构建理论框架并结合实际案例，阐述了数据要素价值实现的过程和机制。第三章从资源配置的角度分析数据要素市场建设的内在逻辑，提出我国数据要素市场体系架构与具体推进路径。第四章以数据要素供给的重要形式——数据资产为抓手，总结数据资产管理的理论。第五章从数据资产入表切入，考察推动数据资源价值显化的实操方法，促进数据资产管理从理论走向实践。第六章以强化数据资产可信度、减少交易各方的信息不对称为出发点，对数据资产入表的后续步骤——审计进行了详细说明，推动数据资产被公众使用。第七章结合实例从不同角度阐述数据资产管理和入表的架构及方法。第八章简要总结展望未来数据要素市场建设与数据资产入表的发展方向，并对相关主体提出了建议。

第二章

数据要素：认知与价值

第一节　数据要素与数据资产相关概念综述

一、数据

数据通常被认为是"对客观事件进行记录并可以鉴别的符号，是对客观事物的性质、状态以及相互关系等进行记载的物理符号或这些物理符号的组合"。现有定义各有侧重，如计算机科学将数据定义为"对所有输入计算机并被计算机程序处理的符号的总称"。国际数据管理协会的定义与之类似，认为"数据是以文字、数字、图形、图像、声音和视频等格式对事实进行表现"。国际标准化组织则对上述定义进行了概括，指出"数据是对事实、概念或指令的一种形式化表示"。2021 年我国颁布的《中华人民共和国数据安全法》中将"数据"界定为"任何以电子或者其他方式对信息的记录"。尽管表述不完全相同，但总体上对数据的表征性和存在形式的描述是一致的。

关于"数据"与"信息"的探讨由来已久。根据 2015 年国际标准化组织提出的定义，"信息"是指"在某个特殊情形下针对目标对象有特殊含义的知识内容，如念想、事物、程序等"。关于"数据"与"信息"的关系，学术界众说纷纭。一种观点认为，信息源于数据，数据所涵盖的内容远大于信息。还有观点认为，二者没有区分的必要，如 Yan 和 Vikram（2019）认为，数据就是信息，因此，数据在企业或个人之间流转，其实质是信息的转移，而数据则被用于预测随机变量的未来变化，减少不确定性。

在此从政府侧词义演变角度进行对比。追本溯源，"政府信息"一词最早在国务院颁布的《政府信息公开条例》中被提出，主要指行政机关在履行行政管理职能过程中制作或者获取的，以一定形式记录、保存的信息。随着国家大数据战略的实施与推进，"数据"逐渐代替"信息"，衍生出的"政府数据""政务数据"等概念成为表述政府信息公开的关键词。研究数据时既要把握数据具备的原始性、客观性、重复利用性的特性，也要关注数据与信息的共性，即真实性、完整性、时效性、准确性、有效性等。

二、数据要素

生产要素是进行社会生产经营活动必需的一切资源和环境条件。数据自古有之，人们随时随地都在生产数据。但原始数据不等同于数据要素。中国信息通信研究院在《数据要素白皮书（2022 年）》中指出，"数据要素"一词面向数字经济，是指根据特定生产需求汇聚、整理、加工而成的计算机数据及其衍生形态。只有当原始数据经过采集、加工、存储、流通、分析等环节，具备了价值和使用价值，才形成数据要素。即数据作为生产要素，具有劳动对象和劳动工具的双重属性。

李海舰和赵丽（2021）认为，数据的生产力属性、数字技术的支撑性、数据符合成为关键生产要素的特征，使数据成为生产要素。宋冬林等（2021）认为，数据成为生产要素符合马克思主义生产要素理论的根本特征，数据区别于传统生产要素的特殊性使其成为现代生产要素。具体来看，相比劳动力、资本等传统生产要素，数据要素的第一大特性是可共享、易复制、无实体损耗，且具备乘数效应下的规模收益递增优势。由此，形成了数据的非竞争性和部分排他性。数据要素的第二大特性是迭代快、扩散快、渗透性强、协同性突出，可以全方位赋能其他传统生产要素，提高全要素生产率，从而提高产业竞争势能，跨行业、跨区域、跨部门融合应用成效显著。Farboodi 和 Veldkamp（2019）将数据视为一种类似于资本的生产要素，在 Romer 内生增长模型框架内建立了一个规范的长期增长模型，指出数据是技术创造的一种投入，数据的积累可以通过减少技术创新的不确定性来降低技术创新的成本，或者通过增加回报来提高创新的动力。

数据要素化是指数据作为生产要素投入生产领域，服务于交换价值或剩余价值生产。为此，需要推动数据参与市场化配置，形成数据要素价格体系。根据《中国数据要素市场发展报告（2020~2021）》，数据要素市场化就是将尚未完全由市场配置的数据要素转向由市场配置的动态过程，基于市场的根本调节机制，数据要素在流通中产生和实现价值，是数字经济发展水平达到一定程度后的必然结果。数据要素市场化配置是一种结果，而不是手段。数据要素市场化配置建立在明确的数据产权、交易机制、定价机制、分配机制、监管机制、法律范围等保障制度的基础上。未来数据要素市场的发展，需要不断动态调整以上保障制度，最终形成数据要素的市场化配置。

三、数据资源

"数据资源"一词最早于 1968 年在管理学领域被提出，数据的资源化表明数据具有使用价值。1998 年，Levitin 等调查了数据的相关属性，以帮助企业将数据作为业务资源进行管理（张俊瑞等，2023）。2008 年，美国地质调查局将其定义为"代表组织可用的所有的数据，包括自动化数据以及非自动化数据，是信息资源基础设施的组成部分"。2021 年，中国信息通信研究院对其的描述是能够参与社会生产活动，能为所有者或使用者带来经济效益的、以电子方式记录的数据。区别数据与数据资源的依据主要在于数据是否具有使用价值。

综合来看，数据资源是载荷或记录信息的按一定规则排列组合的物理符号的集合，是数据汇聚后在自然维度上产生的结果。武腾（2023）总结了数据资源的三个特点：一是数量多、类型多，具有潜在的应用价值；二是具有公共性，广义上属于公共数据；三是无论公开与否都应促进其合理利用。

数据是一种宝贵的资源，但是数据的法律权属界定是一个难题，传统的法学确权理论无法简单移植到数据这种易复制的无形资源上。

四、数据资产

数据资产从本质上来讲是产权的概念，是数据成为生产要素的必然要求。1974 年，美国学者 Richard Peterson 首次提出这一概念，认为数据资产包括持有的政府债券、公司债券和实物债券等资产，即以可证券化的金融产品为主。1997 年，Algan 指出，石油公司的市场价值和竞争地位将与数据资产的数量、质量、完整性及由此带来的可用性直接相关。2009 年，Tony Fisher 提出，数据是一种资产，企业要把数据作为企业资产来对待。根据中国市场监督管理总局、中国标准化管理委员会 2021 年发布的《信息技术服务 数据资产 管理要求》（GB/T 40685-2021）国家标准，"数据资产是合法拥有或控制的、能进行计量的、为组织带来经济和社会价值的数据资源"。因此，数据资源成为数据资产需要满足一定条件，即：①与该数据资源有关的经济利益很可能流入企业；②该数据资源的成本或者价值可以被可靠计量。

数据资产具有非实体性、可复制性、非竞争性、部分排他性、多样性、可加工性、时效性和价值易变性等特征。从会计学角度看，数据资产天然地应被纳入财务报表进行确认和披露，维克托·迈尔-舍恩伯格和肯尼斯·库克耶在 2013 年的著作《大数据时代》中提出，"将数据资产列入资产负债表不是能否的问题，只是早晚的问题"。然而，从实际来看，因计量困难，数据资产的确权、管理、交易等环节存在很多不确定问题，仅部分企业和机构开展了相关探索，数据资产入表未来还有很长的路要走。

五、数据产品

对于数据产品，学术界普遍认为，基于特定目的对原始数据进行清洗、脱敏、加工、建模、分析等一系列处理后，形成的规模化、系统化、可读取、有使用价值的产品就是数据产品。包括但不限于数据集、API、算法模型、数据云服务、报告等，通常需要对原始数据进行二次甚至多次加工处理。联合国贸易和发展会议发布的《2021 年数字经济报告》中提到，将原始数据处理成包括统计数据、数据库、见解、信息等形式的数字智能就形成了"数据产品"。黄丽华等（2022）将数据资产分为资源性数据资产和经营性数据资产，认为企业可以通过场内或场外市场交易将经营性数据资产变现，并将数据产品划入经营性数据资产。

数据产品本质上是一种产权可界定、可交易的商品，因凝结劳动投入而具有更高的经济价值与商业价值，呈现出有需求的有形物品和无形服务两种特征。数据产品是数据要素市场的主要交易对象和标的，也是数据资源价值化的主要载体。

六、数据资本

"数据资本"的概念相比而言较晚出现，是经济整体金融化发展的产物，意味着数据可以作为权益工具进行股权投资或对外融资，从而进入资本市场。在2015 年 IEEE 云计算大会上，Yousif 表示，数据肯定会成为（或即将成为）任何企业的一等公民（first-class citizens），并有望与资本齐头并进。并表明，"数据资本"这个词如今已与数据联系在一起，无论数据是大是小，如果利用得当，它都可以提供经济优势、刺激创新并为企业创造收入。2016 年，《麻省理工科技评论》与甲骨文公司联合发布《数据资本的诞生》报告，明确指出数据资本与其他类型的资本相似，能投入生产过程并带来剩余价值（张俊瑞等，2023）。2018年，Schnberger 在《数据资本时代》一书中较早地对数据资本的概念进行了详细阐释，并表示"经济正在从金融资本转向以数据资本为核心"（刘震和张立榕，2023）。徐翔和赵墨非（2020）将数据资本定义为"以现代信息网络和各类型数据库为重要载体，基于信息和通信技术的充分数字化、生产要素化的信息和数据"，并通过量化分析认为数据资本积累具有拉动宏观经济增长的潜在能力。孟飞和郭厚宏（2022）将数据资本的核心确定为数据的生产与增值。宋宪萍（2022）指出，能实现增值的商品化后的数据，则称为数据资本，其利润来源于数据工人的剩余价值。

生产要素资本化是市场经济体制下实现资源价值变现的基础。数据资本不仅具有传统资本形态所具有的资本一般性，即逐利性、流动性和拜物教性质，也展现出区别于它们的资本特殊性，即固定性、虚拟性、更强的积累性。王宁江（2015）、杜庆昊（2020）等学者认为，数据要素资本化的基础与核心在于数据确权。但数据资源要素的确权又面临"数据归谁所有、数据谁可以用和数据收益是谁的"的特殊问题，邹丽华等（2020）将该难点归结于数据确权目的的多样性，以及数据自然属性和社会属性的复杂性等。

七、关键概念辨析

数据相关概念的演变体现了人们在生产过程中对数据的认识不断加深，从中折射出经济、技术、社会条件的变迁（见图 2-1）。数据要素从生产力的角度强调数据价值，数据要素化即是把数据作为生产资料形成生产力的过程，包括数据资源化、数据产品化、数据资产化、数据资本化等阶段。数据资源、数据资产、数据资本均为数据价值实现过程中的不同表现形态。数据资源和数据资产都是数据汇聚产生的结果，数据资源是数据的自然维度，强调数据的客观存在形态，数据资产是数据的经济维度，强调其由会计主体拥有或控制，且能够带来预期经济利益流入。数据产品从属于数据资产。数据资本化是企业等主体运用其拥有或控制的数据资产作为对价实现权益性资本投资或并购的过程，也是数据作为生产要素发挥作用的典型形式。

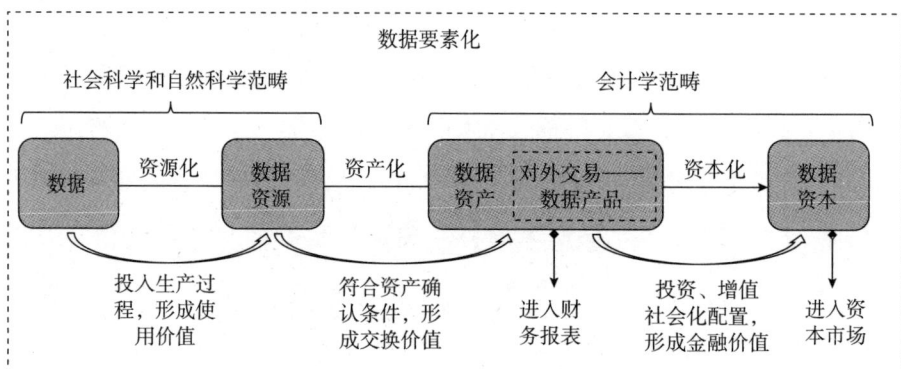

图 2-1　数据相关概念关系

第二节　数据要素范围、特征及分类的深入探究

一、数据要素的范围

数据要素的范围较为广泛，几乎涵盖所有领域。《数据要素白皮书（2022年）》指出，投入于生产的原始数据集，经过清洗、预处理后的标准化数据集，各类数据产品及以数据为基础产生的系统、知识和信息（报告、分析结果

等）均可纳入数据要素范畴（见图2-2）。其中，对于刚开始进行数字化转型的企业，原始数据集是保证其业务系统正常运转和提高业务效率的重要基础；对于已经较为成熟的数字化企业，经过清洗和预处理的数据集质量更高，能够为其提供更精确、更全面和更具预测力的信息，有助于企业做出更明智的决策，从而创造更大的价值。此外，企业还可以在遵守法律制度的前提下，将自身拥有的数据加工成多种数据衍生品向外流通，以便供其他企业利用和挖掘其中蕴含的价值并参与生产活动。

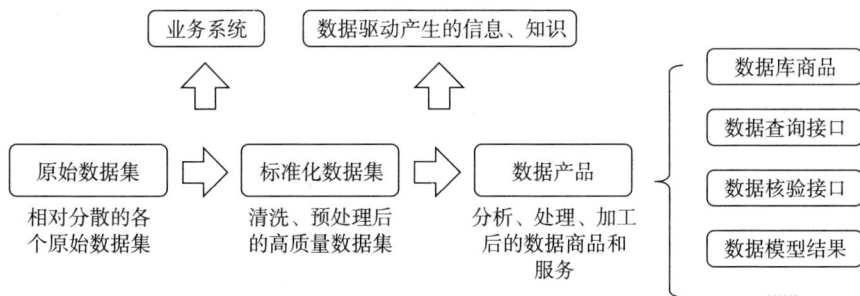

图 2-2 数据要素主要表现形态

资料来源：中国信息通信研究院：《数据要素白皮书（2022年）》。

二、数据要素的特征

不同于土地、劳动力、资本、技术等传统生产要素，数据作为新生产要素有其自身的独特性。当前，产学研各界专家学者已经从不同角度对数据要素的特征进行了广泛探讨。

李海舰和赵丽（2021）将数据要素的特征概括为虚拟替代性、多元共享性、跨界融合性、智能即时性。吴志刚（2021）认为数据要素包括获得的非竞争性、使用的非排他性（或非独占性）、价值的非耗竭性、源头的非稀缺性、价值的非衡异性、对象的社会多元性六大特征，并指出数字数据必须依托安全可信的数据基础设施（即全国一体化大数据中心体系）安全有序流动起来，才能发挥价值和潜能。王谦和付晓东（2021）则从数据要素赋能经济增长角度出发，认为其具有依赖性、渗透性、虚拟替代性、动态精准性、共享低成本性、自组织等一系列重要的经济—技术特征。郭珺和王磊（2021）也从经济和技术角度进行分析，认为数据要素的技术特征包含以"大数据"为存在形态、以网络设施为主要媒介和以拓展聚合为利用方式三个方面，其经济特征包含准公共物品属性、规模经济性和范围经济性三个方面。

另有一些专家学者通过比较传统生产要素来对数据要素的特征进行分析。其中，戴双兴（2020）认为数据要素与传统生产要素相比具有非排他性、规模经济性、可再生性、强渗透性等特征，正是这些特征使数据要素推动经济发展的质量变革、效率变革及动力变革，对企业生产、产业转型升级以及宏观经济调控产生革命性影响。张平文和邱泽奇在《数据要素五论：信息、权属、价值、安全、交易》一书中提出数据要素的可复制性（Reproducibility）、非竞争性（Non-rival）、排他性与非排他性并存（Exclusive & Non-exclusive）等是其区别于传统生产要素的典型特征。王传智（2022）则认为数据区别于传统生产要素，既丰富又稀缺，具有非竞争性与非排他性、使用价值不确定性与高流动性的特征，所有权清晰界定困难，控制权与使用权在互联网平台一方，且富含隐私而导致市场主体的矛盾性。进一步地，李勇坚（2022）指出数据要素与现有的生产要素既有相同之处，也有不同之处。数据要素具有物理上的非竞争性，通过制度与技术，使其在使用过程中具有部分排他性。数据要素在使用过程中，既具有收益递增的一面，也具有收益递减的一面，这取决于不同类型的数据以及数据的具体用途。而数据要素一般不能单独对生产率起到促进作用，需要与资本（如算力）、劳动（如工程师）、技术（如算法）进行协同，才能将其效能体现出来。数据要素既具有对隐私的负外部性，也具有对生产率的正外部性。白永秀等（2022）则总结出时效性、无限供给、可再生、可重复使用、无限复制五大对比特征，认为数据要素与传统生产要素之间具有非常明显的互补特征，通过特征互补使数据生产要素在与其他传统生产要素相互作用并进一步对生产、生活产生作用时，可以协同促进经济的可持续发展，成为促进数字经济时代经济增长的核心生产要素。

可以看出，尽管当前对数据要素的特征有较为广泛的研究，但大多研究或侧重于技术角度，或侧重于经济角度，或从"技术—经济"联合角度进行分析。《数据要素白皮书（2022年）》总结发现，作为独特的技术产物，数据具有虚拟性、低成本复制性和主体多元性的特点。这些技术特性影响着数据在经济活动中的性质，使其展现出非竞争性、潜在的非排他性和异质性（见表2-1）。与其他生产要素相比，数据的某些特性使其难以参照传统方式进行管理和利用。然而，其可复制、可共享、无限增长和供给的禀赋，打破了传统要素有限供给对增长的制约，为持续增长和永续发展提供了基础与可能性。

表2-1 数据要素特征、含义及影响

特征		含义	影响
技术特征	虚拟性	数据是一种存在于数字空间中的虚拟资源。土地、劳动力等传统生产要素是看得见、摸得着的物理存在，与数据形成鲜明对比	由于数据的虚拟性，数据要素在确权、流通、定价、入表、交易和收益等方面面临各种新问题和新挑战。虚拟性会导致数据的无消耗性和增加数据交易的复杂性
	低成本复制性	数据作为数字空间中的存在，表现为数据库中的一条条记录，而数据库技术和互联网技术又能使数据在数字空间中发生实实在在的转移，以相对较低的成本无限复制自身	数据的低成本复制性对数据的确权、定价和交易产生重要影响：一是确定真正的数据源头变得困难；二是数据一旦被复制或盗取，其价值可能会迅速贬值甚至归零，对高价值数据定价产生影响；三是增加了数据的保护成本，同时也增加了数据交易的成本，可能导致交易无法实现
	主体多元性	数字空间中的每条数据可能记录了不同用户的信息，数据集的采集和汇聚规则又是由数据收集者设定的，用户、收集者等主体间存在复杂的关系。同时，每个企业、每个项目都可能对所用的数据资源进行一定程度的加工，每一次增删改的操作都是对数据集的改变，因而这些加工者也是数据构建的参与主体	一是增加了数据处理的复杂性；二是主体间存在复杂的关系要求在数据处理和分析时需要更加细致和谨慎，以避免侵犯某些主体的权益或产生其他伦理问题；三是数据的所有权和使用权可能存在一定的模糊性，需要进一步明确各主体的权利和责任，以避免数据纠纷和滥用问题

续表

	特征	含义	影响
经济特征	非竞争性	由于数据能被低成本复制，同一组数据可以同时被多个主体使用，一个额外的使用者不会减少其他现存数据使用者的使用，也不会产生数据量和质的损耗	数据的非竞争性可以促进经济的规模收益递增，同时，数据的共享和流通变得更容易，有助于打破信息孤岛。数据成为数字经济时代的核心资源，但也可能导致数据垄断和数据鸿沟的问题，需要加强数据的安全保护和隐私保护
	潜在的非排他性	数据持有者为保护自己的数字劳动成果，会付出较高代价使用专门的人为或技术手段控制自己的数据，因而在实践中，数据具有部分的排他性。然而，一旦数据持有者主动放弃控制或控制数据的手段被攻破，数据就将完全具有非排他性	数据的非排他性可以鼓励更多的人对数据进行探索和创新，推动技术的进步和社会的发展；由于数据的非排他性，数据的交易成本大大降低，这有利于促进数据的流通和共享；由于数据的非排他性，数据容易被滥用或泄露，因此对数据安全和隐私保护提出了更高的要求
	异质性	相同数据对不同使用者和不同应用场景的价值不同，一个领域高价值的数据对另一领域的企业来说可能一文不值	一是在数据定价方面，数据价格的高低取决于数据质量的高低；二是在数据运营方面，数据价值因场景而异的特性，使目前各地探索实践的公共数据授权运营方式有很大不确定性；三是在数据交易方面，由于数据价值因人而异，使数据交易很难以统一公允价值入市交易，同一种数据对不同交易对象的交易价格可能有很大差异

资料来源：《数据要素白皮书（2022 年）》《数据要素的 20 大特性及其影响》。

三、数据要素的分类

数据要素分类在数据管理和利用中具有不可或缺的地位。通过分类，一方面可以促进数据资源有序流动，提升数据质量和管理水平，同时满足合规性和安全性要求；另一方面有助于提高数据的利用效率和价值，降低数据治理的难度和成本。《数据要素白皮书（2023 年）》指出，根据不同场景适用需求，数据分类存在多种维度和方法。从数据资源存储维度出发，由于不同层次对数据的集成性、灵活性等要求不同，可分为基础层数据、中间层数据、应用层数据等；按照对数据资源加工程度的维度，由于数据加工者在其中的劳动和贡献存在差异，可分为原始数据、衍生数据、数据产品等；按照数据安全的维度，可分为一般数据、重要数据、核心数据等。多样的数据分类维度和方法反映出数据在存储、加工、应用、安全等过程和场景中的复杂性。

国外主要根据公共利益或个人权利对数据类型进行划分。美国《开放政府数据法案》根据数据持有者类型的不同，将数据分为公共数据和非公共数据两类，旨在明确数据的公共属性及其对应的流通方向和策略。根据该法案，公共数据应向所有人开放使用，而非公共数据则需要通过许可协议来获取使用。同时，规定美国的所有政府部门都必须向公众开放非敏感的政府数据，从而增强公众、企业和其他组织对政府数据的利用。另外，从数据敏感性角度出发，美国政府将公共数据进一步细分为三个级别：一级数据涉及重大政策制定、资源配置和决策等关键领域；二级数据主要包括美国人口普查局的人口普查数据和美国农业部的农业统计数据等；三级数据则涵盖政府机构内部的会议记录、行政文件等敏感信息。这样的分级制度有助于更好地管理和保护不同敏感度的公共数据。

欧盟《通用数据保护条例》（GDPR）根据数据所描述的对象差异，将数据分为个人数据和非个人数据两类。这种分类凸显了数据来源主体掌控数据能力的不同，因此需要采取差异化的数据相关权利措施。在个人数据方面，GDPR 赋予用户一系列权利，包括知情权、被遗忘权和携带权等。针对非个人数据，欧盟制定了《非个人数据在欧盟境内自由流动的框架》和《数据法案》等法规，以促进非个人数据的自由流动和跨境传输。

澳大利亚将数据分类为个人数据、政府数据以及健康数据并进行专门立法规制（陈利强和刘羿瑶，2021）。针对个人隐私权，澳大利亚出台了《1988 年隐私法》，该法案规定个人数据的跨境流动一般不受限制，但相关机构或个人必须重视数据安全，尤其是涉及隐私敏感的部分，不能用于商业推广。此外，该法案还承认了相关外国规则的域外效力，并且部分与欧盟的《数据保护指令》和 GDPR 保持一致。对于特殊领域，如健康数据，澳大利亚从国家层面制定统一法律进行管制，《个人控制的电子健康记录法》禁止可识别的健康数据的跨境流动。

我国历来重视数据安全，将数据分类分级管理作为统筹数据开发利用和数据安全保护的重要任务。《数据二十条》按照数据相关权益归属的不同，将数据划分为公共数据、企业数据和个人数据三种类型。《数据要素白皮书（2023 年）》

指出，从数据的实际生成和持有角度来看，三种类型的划分虽然存在复杂的交叉关系（见图2-3），但这种划分有助于根据不同类型数据的特性制定更为细致的分类标准和使用规范。同时，还有助于建立各主体之间的权责利动态调整机制，从而推动相关探索向更深入的领域发展。

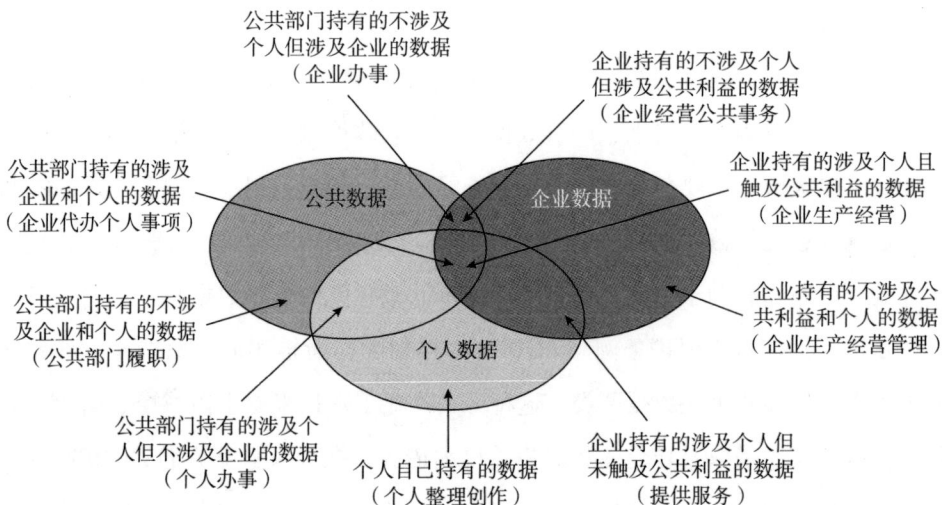

图2-3 公共数据、企业数据、个人数据的复杂关系

资料来源：中国信息通信研究院：《数据要素白皮书（2023年）》。

《数据二十条》指出公共数据是各级政府部门、企事业单位在依法行政履职或提供公共服务过程中产生的数据，但并未明确划定公共数据的范围和边界。目前，政府和公共事业部门（如科研、教育、文化、供水、供电、公交等）的数据由于得到公共财政支持或在履行公共职能中产生，其归属基本无争议，属于公共数据。然而，企业在经营公共服务性质业务时收集、产生的关乎公共利益的数据，其是否属于公共数据仍存争议。对于来自政务体系的数据和来自公共事业的数据，一般认为，其归国家或全民所有，管理、开放等职责由政府或其他公共部门代为行使。

企业数据来源广泛，具有丰富的生成方式，是企业在生产、经营、管理过程中生成并控制的、不涉及个人信息和公共利益的业务数据。根据企业数据生成方式的不同，可将企业数据划分为三种主要类型：第一种是企业自行采集、记录客观现象所得到的数据；第二种是企业在生产经营活动中，通过与用户互动而采集的数据；第三种是企业基于已产生的数据，在赋予数据全新价值过程中所得到的数据。

个人数据大多由公共部门和企业实际持有，是依据数据集中是否包含个人信息所进行的分类。个人信息是与已识别或者可识别的自然人有关的各种信息，其中有些信息本身指向个人或者直接关联到个人，如姓名、身份证、指纹、面部信息、数字 ID 等（称为识别符），其余的信息本身不具有识别个人身份的属性，但通过结合分析或关联分析也可以使信息或数据集指向某特定自然人（高富平，2022）。此外，自然人与数据持有者交互产生的描述行为痕迹信息、自然人创作的各类信息也形成了大量数据。

然而，严宇和孟天广（2022）认为将数据要素分为政府数据、企业数据与个人数据的分类方式容易混淆"数据谁持有"与"数据谁生成"这两个基本问题。例如，上文提到的个人数据通常指的是包含个人信息与数字痕迹的个人数据，且是涉及众多个体、带有群体性质的个人数据集合，但这样体量庞大的个人数据在现实中主要为政府和企业所持有。由此，二人提出从数据要素持有者与数据要素生成方式两个维度划分数据要素的类型，并指出现阶段数据要素持有者主要有政府和企业两类，而个人虽拥有自身信息但并非是唯一的拥有者，同时也不拥有自身在政府网站、企业平台、移动客户端等设备设施上的数字痕迹，因此并未将个人视为数据要素的持有者。数据要素生成方式则是数据通过何种方式实现从无到有的创造和价值实现，具体包括自有数据（数据持有者自身存在与运行过程中所生成的数据）、用户授权（数据持有者在用户授权范围内记录所生成的个人信息）、用户使用（基于用户使用行为生成的数字痕迹）和加工创造（数据持有者运用相关专业知识、数据分析技术对其持有的各类数据进行加工与分析所创造出的数据分析结果）四种，如表2-2所示。

表 2-2 数据要素的类型学划分

数据生成方式	数据持有者	
	政府	企业
自有数据	政务数据	企业经营数据
用户授权	个人信息	个人信息
用户使用	数字痕迹	数字痕迹
加工创造	衍生数据	衍生数据

资料来源：严宇和孟天广：《数据要素的类型学、产权归属及其治理逻辑》。

第三节 数据要素的价值

在新一轮科技革命和产业变革的推动下，数据作为核心生产要素的价值日益显现。《"数据要素×"三年行动计划（2024—2026 年）》指出，发挥数据要素报酬递增、低成本复用等特点，可以优化资源配置、赋能实体经济、发展新质生产力、推动生产生活、经济发展和社会治理方式深刻变革，对推动高质量发展具有重要意义。总之，数据要素具有巨大的经济价值、社会价值和治理价值。

在经济价值方面，数据要素具有巨大潜力。一是数据要素能够为企业提供更精准的需求预测、更高效的生产组织方式和更智能的决策支持。通过大数据分析，企业可以对市场趋势进行准确判断，从而优化资源配置，提高生产效率。这不仅有助于企业降低成本、提高竞争力，还能推动整个行业的创新发展。二是数据要素通过赋能实体经济，推动其数字化转型。随着信息化和工业化的深度融合，实体经济正面临着一场数字化革命。数据要素的应用，能够提高生产效率、降低成本、增强创新能力，为实体经济的可持续发展注入新动力。无论是制造业、服务业还是农业，都能从数据要素中受益，实现产业升级和转型。此外，数据要素的报酬递增和复用性特点也是其经济价值的重要组成部分。数据在不同场景、不同领域的多次使用过程中能够产生更多的价值，从而实现数据的跨行业、跨领域融合应用。这种融合不仅加速了新质生产力的发展，还为经济高质量发展提供了有力支撑。

在社会领域，数据要素具有广泛而深刻的价值。首先，数据作为数字时代社情民意的传声筒，能够反映个体的意见和需求，通过汇聚可以形成社会舆论，成为感知社情民意的重要指标，有助于促进社会公平与正义，提高社会治理的精准度和效率。其次，数据要素还能助力社会风险的识别和预测。在全面深化改革的关键时期，社会矛盾和风险呈现出新的特点，通过对政府、社交媒体等非经济平台的数据进行解析、关联关系挖掘、风险指数计算和可视化展示，可以构建地区社会风险指数，为政府管理和决策提供参考依据，有助于及时评估政策的正确性和有效性，增强社会信任与安全。最后，数据要素的创新应用能够赋权社会组织。社会组织需要依靠互联网思维实现网络化、全球化、平台化的转变，而数据的海量积累与分析运用是实现这些转变的基础。数据的分析运用能够促进社会组织结构的重塑和自治能力的提升，推动社会创新与发展。

在政府治理方面，数据要素的价值主要体现在四个方面：一是提高政府决策的科学性和准确性。通过数据分析，政府部门可以更准确地了解社会经济状况和民生需求，从而制定更符合实际情况的政策；数据治理还可以帮助政府部门整合和清洗数据，从而提高数据的质量和可靠性，进一步增强政府决策的准确性和科学性。二是提升政府治理的效率和透明度。数据要素的运用有助于实现政府数据的共享和流通，打破信息孤岛，提高政府各部门之间的协作效率。同时，通过数据公开和透明化，公民可以更方便地了解政府的工作进展和成果，加强对政府工作的监督，推动政府治理的规范化和法治化。三是增强政府危机应对能力。通过对各类数据的实时监测和分析，政府部门可以迅速掌握事件的性质、影响范围和严重程度等信息，提高危机应对的速度和效果。四是推动政府数字化转型。数据要素是政府数字化转型的核心资源，通过数据要素的整合、分析和应用，政府可以构建数字化服务平台、智能化监管系统等，推动政府治理手段的现代化。

第四节　全球数据要素现状

一、全球数据战略

在当今的信息时代，数据已成为人类数字生活的核心要素，扮演着推动全球社会进步的关键角色，同时也成为国家治理中不可或缺的重要工具。随着全球数字化进程的加速和信息技术的迅猛发展，数据的重要性逐渐凸显，迅速上升为各国竞相争夺的战略资源。数字化程度较高的国家纷纷围绕数据相关议题展开角逐，努力强化对数据的治理和管控能力，并在此过程中逐步构建起国家级的数据战略体系，以寻求国际战略态势中的竞争优势平衡。现结合中国信息通信研究院发布的历年《大数据白皮书》和相关公开资料对全球主要经济体的数据战略进行梳理分析。

美国政府将数据问题纳入战略构思最早始于奥巴马政府时期（杨楠，2021），并持续发展和完善。自 2012 年以来，美国政府对大数据技术的研发和应用给予了高度重视。通过发布一系列战略规划和行动计划，美国旨在将数据作为战略资源进行管理和利用，以推动经济发展、提高政府效率和加强监督透明度。美国国家科学基金会于 2012 年发布了"大数据研究和发展倡议"，计划投入 2 亿美元用于科学、国家安全、生物环境和教育等领域的大数据技术研发。随后，奥巴马政府在 2016 年对该倡议进行了增补和完善，发布了《联邦政府大数据研发战略规划》，涵盖了技术研发、数据管理和人才培养等多方面内容。2019 年，美国发布了《联邦数据战略第一年度行动计划》草案，该计划具体列出了各机构的工作目标和政府范围内的数据服务战略部署，强调了数据作为战略资产的重要性，并着重提到了金融数据和地理信息数据的标准统一问题。同年 12 月，美国白宫行政管理和预算办公室发布了《联邦数据战略与 2020 年行动计划》，以政府数据治理为主要视角，提出了联邦政府未来十年的数据愿景和 2020 年的关键行动。该战略的核心目标是"将数据作为战略资源开发"，并确立了 40 项数据管理的具体实践目标。为了强化机构协同和深挖数据资源价值，美国实施了开放政府数据的行动。通过开放公共领域数据，美国旨在增强政府与公众间的互动，激发数据经济在社会经济增长中的引擎作用。2021 年的行动计划进一步强化了在数据治理、规划和基础设施方面的活动，主要分为构建重视数据和促进公众使用数据的文化、强化数据的治理、管理和保护以及促进高效恰当地使用数据资源三个方向。此外，美国还发布了《美国数据隐私和保护法案》讨论稿，以确保在隐私保护的前提下释放数据价值。该法案为个人提供了"选择退出"方式，以促进对个人数据的合理利用，既考虑了增强个人数据权利的国际趋势，又包含了数据价值释放的内容。

欧盟数据战略致力于打造数据敏捷型经济体，将数据作为经济社会发展的重要命脉，并希望通过建立单一数据市场确保欧洲在未来数据经济中的领先地位。欧盟委员会在 2020 年 2 月 19 日公布了《欧洲数据战略》，以数字经济发展为主要视角，提出了欧盟数据发展的愿景目标，即到 2030 年欧洲将成为世界上最具吸引力、最安全、最具活力的数据敏捷型经济体。为实现这一目标，欧盟提出了四大支柱性战略措施：构建跨部门治理框架、加强数据投入、提升数据素养和构建数据空间。欧盟稳步执行其数据战略，通过一系列重要举措来打造单一数据市场。其中，《欧盟数据治理法案》是《欧洲数据战略》系列举措中的第一项，于 2021 年 10 月获得成员国表决通过。该法案旨在为欧洲共同数据空间的管理提出立法框架，对公共部门的数据再利用制度、数据中介及通知制度和数据利他主义制度进行构架，以确保在符合欧洲公共利益和数据提供者合法权益的条件下，实现数据更广泛的国际共享。此外，欧盟还公布了《2030 年数字指南针》，以进一步强化欧盟数字化转型的愿景，指出未来十年欧盟数字化转型工作将围绕数字技能培训、数字基础设施建设、企业数字化转型以及公共服务数字化四个维度展开。同时，为保证战略的可持续性以及加强公民和企业对政策的支持和信任，欧盟委员会提交了《通向数字十年之路》提案，为欧盟数字化目标的落地提供具体治理框架。欧洲议会于 2022 年 4 月就《数据治理法案》进行最终投票表决，并获得议会批准。该法案是落实《欧洲数据战略》的重要举措，构建了适用于各个行业的数据共享机制，确保在符合欧洲公共利益和数据提供者合法权益的条件下，实现数据更广泛的国际共享。法案构建了适用于所有部门的数据使用权基本规则，将促进个人和企业自愿共享数据，并统一某些公共部门数据的使用条件。

英国致力于开展全球数据计划，全力推动数据价值的释放。2013 年 10 月 31 日，英国发布《把握数据带来的机遇：英国数据能力战略》，从提升数据分析技术、加强国家基础设施建设、推动研究与产业合作、确保数据被安全存取和共享等几个方面作出了部署，并作出 11 项行动承诺，确保战略目标得以落地，以促进英国在数据挖掘和价值萃取中的世界领先地位（张勇进和王璟璇，2014）。2020 年 9 月，英国政府发布了《国家数据战略》，旨在支持英国对数据的使用，并帮助该国经济从疫情中复苏。该战略设定了五项"优先任务"，包括释放数据的价值、确保促进增长和可信的数据体制、转变政府对数据的使用以提高效率并改善公共服务、确保数据所依赖的基础架构的安全性和韧性，以及倡导国际数据流动。为了实施这些任务，英国政府采取了一系列计划。例如，到 2021 年，将对 500 名分析师进行公共部门数据科学方面的培训，并设立政府首席数据官，以改变政府当前的数据使用方式，提高效率并改善公共服务。此外，通过立法提高智慧数据计划的参与度，新建一个 260 万英镑的项目，在支持创新发展的同时致力于解决当前数据共享中存在的障碍。英国政府还强调了提升数据的质量、使用数据的技能、数据的可用性、数据使用的合规性和伦理是挖掘数据价值的基础。2022 年，英国政府推进了数据治理制度的改革，包括四大支柱和五大任务。四大支柱包括数据基础、数据技能、数据获取和数据责任。五大任务则包括解锁数据价值、确保数据治理法律体系能够促进经济增长和可被信任、转变政府数据的使用、确保数据基础设施安全抗压和捍卫国际数据流动。

此外，澳大利亚、日本和韩国等也通过发布政策、设立机构等形式持续深化推进自身数据战略。澳大利亚的数据战略主要聚焦于大数据分析的应用。早在 2012 年，政府就发布了《澳大利亚公共服务信息与通信技术战略 2012-2015》，强调增强政府机构的数据分析能力，并计划制定大数据战略。随后，在 2013 年，政府信息管理办公室成立了"大数据工作组"，并发布了《公共服务大数据战略》。该战略旨在推动公共行业利用大数据分析进行服务改革，制定更好的公共政策，并保护公民隐私，使澳大利亚在该领域跻身全球领先水平。近年来，随着数据安全问题的日益突出，澳大利亚还发布了《国家数据安全行动计划》，开始构建国家数据安全框架，致力于保护政府、企业和个人数据免受侵害。

日本数据战略的核心在于确保数据的可用性、可控性、可信性和互联性，并以此为指导原则，促进数据在各个领域的创新应用。日本政府于 2021 年 6 月发布了《综合数据战略》，该战略不仅关注数据生命周期的各个方面，还特别针对数据生态架构、数据信任体系和数据跨境规则等关键领域制定了具体措施（蒋旭栋，2022）。通过这些措施，日本政府旨在将数据转化为有价值的信息和知识，进而推动经济社会的发展和进步。为了更好地实施数据战略，日本政府于 2021 年 9 月成立了数字厅，作为负责行政数字化的最高机构。数字厅的目标是构建更加完善的数字政府，推动日本的数字化转型。它致力于将数字科技与传统社会深度融合，利用数字技术的优势，为公民提供更加高效、便捷的服务。日本政府希望通过这些努力，实现经济增长与社会发展的平衡，为超智能社会的建设奠定坚实基础。

韩国的数据战略旨在通过立法和政策支持，发展数据产业和振兴数据经济。2021 年 10 月，韩国通过了《数据产业振兴和利用促进基本法》（以下简称《数据基本法》），成为全球首部规制数据产业的基本立法。该法统筹安排数据的开发利用，设立国家数据政策委员会作为管理机构，并扶持专门的数据企业。此外，韩国还构建了数据价值评估、资产保护和争端解决机制。在《数据基本法》全面实施后，韩国发布了"数据产业振兴综合计划"，并成立国家数据政策委员会。该委员会的目标是在韩国打造全球顶级水平的数字力量，同时推出针对 13 个领域的改善计划，涵盖 8 个数据领域和 5 个新产业领域，以推动数字化转型。与之相呼应，韩国政府于 2022 年 9 月 28 日发布了《大韩民国数字战略》，该战略的最终目标是建立全球顶级的数字力量，扩大数字经济的覆盖范围，增强其包容性，构建政府数字平台，并推动数字文化的创新发展。

二、全球政策法规

数据战略旨在制定宏观规划，为促进数据开发利用、助推行业数字化转型和加强国家间的合作交流等提供指导和方向；数据政策法规是数据战略的具象化，是实施数据战略的重要保障，为数据的收集、存储、处理和使用提供法律基础和规范框架。美国信息技术与创新基金会（ITIF）数据创新中心在 2023 年 9 月 5 日发布的《比较世界各地的数据政策优先事项》中指出，全球各国在数据保护、数据共享和数据访问等关键数据政策方面体现出不同的发展趋势，但数据政策的重点方向已呈现出向平衡数据驱动型创新和数据保护的转变，并表明当前少有国家采取措施制定促进数据生产相关政策，建议数据政策制定者应考虑在数据收集和共享方面减少数据驱动型创新的障碍。通过梳理全球主要经济体数据领域的相关政策法规以展示各经济体的政策趋向，具体内容如表 2-3 所示。

表 2-3　全球数据相关政策及法律法规

国家/地区	发布年份	政策名称	重点内容
美国	2009	《透明与开放政府备忘录》	"通过鼓励联邦政府内部、各级政府之间以及其他政府机构和私人机构之间的合作和建立伙伴关系来提高政府的工作效率"，将加强合作提高到国家的战略高度
	2009	《开放政府指令》	开放政府指令的三个原则分别是"透明"（Transparency）、"参与"（Participation）和"协同"（Collaboration），要求减少《信息自由法》积压的工作，在政府网站上发布更多数据库，通过网站数据开放使公众了解政府信息，促进公共对话
	2012	《数字政府战略》	要求政府机构"建立一个 21 世纪的平台，更好地服务美国人民"。该战略提出了四大原则：以信息为中心、建设共享平台、以客户为中心、安全隐私平台
	2013	《政府信息公开和机器可读行政命令》	指出应确保以多种方式将数据公开发布，让数据易于被发现、获取和利用，政府部门应当保护个人隐私、保密和确保国家安全，正式确立了政府数据开放的基本框架

续表

国家/地区	发布年份	政策名称	重点内容
美国	2014	《美国数据开放行动计划》	该计划对数据开放工作进行了全面总结，并提出了四项举措来保障政府数据开放的顺利进行
	2016	《联邦大数据研究与开发战略计划》	提出"创建和加强国家大数据创新生态系统的联系，应该建立持续的机制来提高联邦机构在大数据领域进行合作的能力"
	2019	《开放政府数据法》	为美国政府数据的开放与利用提供了更有力的保障，主要包括四个方面：一是对收集的数据是否公开进行日常性审查，兼重数据的质量及其利用；二是建立全面的数据清单并定期更新，同时公开联邦数据目录与开发在线存储库；三是设立首席数据官及其委员会的制度；四是建立开放政府数据的报告及评估制度
	2019	《联邦数据战略与2020年行动计划》	建立10项原则，40项具体的数据管理实践；确立2020年20项具体行动方案，为联邦数据战略的未来的实施落地奠定基础
	2021	《联邦数据战略2021行动计划》	在2020年行动计划的基础上加强数据治理、规划和基础设施方面的行动
欧盟	2003	《关于政府部门信息再利用的指令》	于2003年发布，2013年和2019年分别做了修订。该指令的发布旨在消除欧盟内部公共市场中数据开放使用方面已有的和新出现的障碍，从法律体系上紧跟数字技术发展，并进一步刺激数字创新，为开放数据和公共部门信息再利用提供法律框架
	2011	《公共数据数字化公开化决议》	主要涉及三大方面：一是设立欧盟统一的公共数据互联网对外服务门户网站；二是完善欧盟范围内数据公开的公平竞争环境建设；三是要求加大数据管理的数字技术应用研发投入，规范社会化服务及监管
	2018	《通用数据保护条例》	是欧盟为解决互联网时代用户数据的收集、使用问题而制定的，是保护欧盟个人数据的法律，将取代1995年发布的"数据保护指令"，适应云计算、互联网、大数据。GDPR是目前全球在保护个人数据方面，规定最为严格、处罚最为严厉的法规之一
	2018	《非个人数据自由流动条例》	旨在促进欧盟境内非个人数据自由流动，消除欧盟成员国数据本地化的限制
	2018	《迈向共同的欧洲数据空间》	提出了一系列关键措施，以在欧盟打造通用的数据空间——一个无缝的数字化区域，从而实现基于数据的新产品与新服务开发

续表

国家/地区	发布年份	政策名称	重点内容
欧盟	2019	《网络安全法案》	是新时期欧盟网络安全治理的里程碑事件。针对对象主要包括欧盟机构、机关、办公室和办事处等机构，规制内容主要为上述欧盟机构在处理个人用户、组织和企业网络安全问题的过程中加强网络安全结构、增强对数字技术的掌控、确保网络安全应当遵守的法律规制，旨在促进卫生、能源、金融和运输等关键部门的经济，特别是促进内部市场的运作
	2019	《开放数据和公共部门信息再利用指令》	旨在改善公共数据可用性与创新性，进而推动AI等数据密集型技术的发展。规定了重复使用公共数据的基本条件，消除了欧盟内部市场中重复使用公共数据的主要障碍，引入了关于不歧视、收费、排他性协议、透明度和实用工具的规定，以促进公共部门信息的发现和再利用
	2020	《欧洲数据战略》	建立跨部门治理框架，加强投资，增强个人、中小企业能力，发展共同欧洲数据空间的四大支柱
	2021	《数据治理法》	建立了促进数据发展的流程和结构，以促进整个欧盟和各部门之间的数据共享，并增强公民和公司对其数据的控制等
	2021	《有关公共部门高价值数据集的实施法案建议稿》	以机器可读、免费的方式再利用公共部门的高价值数据集
	2021	《电子隐私条例（草案）》	是欧盟针对电子通讯领域中的隐私保护所作出的具体规定，且由于需要实现与《通用数据保护条例》（GDPR）一致化实施的目的，将替代《电子隐私指令》（2002/58/EC）
	2022	《数据治理法案》	以为欧盟公民和企业带来重大利益为价值出发点，明确未来的数字服务应该如何处理数据，注重着眼于处理公民个人数据和企业数据的中介主体的业务规则设计，从而促进各部门和各成员国的数据共享
	2023	《数据法案》	旨在明确数据访问、共享和使用的规则，规定获取数据的主体和条件，使更多私营和公共实体能够共享数据

续表

国家/地区	发布年份	政策名称	重点内容
英国	2000	《信息自由法》	主要特征有以下四个方面：一是除非有明确规定的豁免和限制条件，广大民众有获取公共信息的权利；二是即使在适合豁免的情况下，对于信息的公开也应考虑到公众的利益，应具体情况具体处理；三是公共部门（包括政府部门）有积极主动地出版公共信息的义务；四是通过信息官一职和异议审查会的设立，加强信息公开的实施力度
	2005	《公共信息再利用条例》	旨在有效提升政府信息资源利用的效率，明确了政府公共数据再利用的原则
	2010	《公共部门透明委员会：公共数据原则》	确定了公共数据开放的形式、格式、许可使用范围，以及公共机构鼓励数据的再利用等14项原则
	2011	《对公共部门信息的开放政府许可》	规定了公共部门信息被许可的具体条件
	2018	《数据保护法》	对个人和组织数据保护的权利和责任作出明确规定
	2020	《国家数据战略》	设定了五项"优先任务"，涉及释放数据的价值、数据体制、转变政府对数据的使用、基础架构的安全性和韧性、国际数据流动
	2022	《英国数字战略》	在数字基础领域将推出世界级的数字基础设施，释放数据的力量，并将支持通过数据流塑造一个可访问、可互操作的国际数据生态系统，创建全球数据流动基础设施、标准和规则框架
	2023	《数据保护及数字信息（第2号）法案》	该法案的大部分内容与2022年7月18日在下议院提出的《数据保护及数字信息法案》相同，并不取代现有的英国数据保护立法，仅是修订了英国现有的 EU General Data Protection Regulation 和 Data Protection Act 2018，目的在于更新及简化英国的数据保护框架
	2023	《2023年数据保护（基本权利和自由）（修正案）条例》	2023年11月8日，科学、创新和技术部(DSIT)宣布《2023年数据保护（基本权利和自由）（修正案）条例》已提交议会，委员会决定将该法定文书升级为肯定草案。肯定草案是一个术语，用于描述以草案形式提出的法定文书，除非该草案得到下议院和上议院的批准，否则不能成为法律。根据该决定，DSIT发布了有关修正案的更新的法定文书和解释性备忘录

续表

国家/地区	发布年份	政策名称	重点内容
澳大利亚	2018	《数字化转型战略 2018-2025》	致力于到 2025 年建成世界领先的三大数字政府之一，能随时随地提供简单、个性化和可用的服务，满足澳大利亚民众的数据需求
	2021	《数据和数字政府战略》	通过世界级数据和数字功能为所有人和企业提供简单、安全和互联的公共服务的愿景
	2022	《国家数据安全行动计划》	致力于建立一个全国性的方法来保护公民数据，保护公民的数据免受侵害，同时构建政府、企业、个人的数据安全要求
日本	2012	《数字行政开放数据战略》	指出公共数据属于国民共有财产，国家应加强对政策体系的构建，以促进公共数据的利用。该战略文件拉开了日本政府构建数据开放政策体系的序幕
	2016	《推进公民数据利用基本法》	从法律层面对政府数据开放工作进行统一规定和指导，这是日本首部专门针对数据利用的法律
	2017	《开放数据基本指南》	依据日本的中央政府、地方政府，以及企业家在数据开放领域已有的尝试，归纳了开放数据建设的基本方针，成为日本政府数据开放的总指导文件
	2019	《数字政府实施计划》	提出到 2025 年建立一个使国民能够充分享受信息技术便利的数字化社会，并将开放数据作为其中的重要一环加以强调。这标志着政府数据开放已成为日本向数字化社会转型的一大关键战略要素
	2021	《综合数据战略》	"综合数据战略"的一大特点是设计了日本所有涉及数据的参与者共享的整体数据生态架构，包括基础设施、数据、协作平台（工具）、利用环境、规则、组织、战略和政策七个基本阶层，以及人才和安全两个跨阶层元素
韩国	2013	《促进公共数据的提供和使用法》	该法诞生于韩国以建设透明政府为要旨的"数字政府 3.0 运动"中，并于 2013 年实施。该法规定了有关提供公共机构持有和管理的数据以及激活其使用的事项，从而确保了对公共数据的使用权利以及私人可使用公共数据。该法强调公共机构主动公开相关数据，促进公共数据的流通和使用
	2016	《开放公共数据指令和社会使用原则》	不仅强调了要改进公共数据库管理，还要求建立高质量的开放公共数据标准，完善术语表达和格式要求

续表

国家/地区	发布年份	政策名称	重点内容
韩国	2020	《公共数据法》	要求国家机关和地方政府积极推进公共数据开放，并委托韩国智能信息社会振兴院构建大数据平台
	2021	《数据产业振兴和利用促进基本法》	是世界首部规制数据产业的基本立法，该法对数据的开发利用进行了安排。规定要建立国家数据指挥中心，即"国家数据政策委员会"，系统培育数据交易、分析服务商等数据专业企业，培育作为数据经济时代创新的推动者的数据经纪商，打造数据资产价值和权利得到保障的市场

资料来源：四川省大数据产业联合会：《四川省大数据产业白皮书（2023）》；相关公开资料等。

三、全球数据标准

数据标准是指保障数据的内外部使用和交换的一致性和准确性的规范性约束[1]，其具体形态通常是一个或多个数据元的集合，即数据元是数据标准的基本单元[2]。当前，ISO、IEC 和 ITU 等众多标准化组织已形成数据标准化工作机制，在数据管理、数据治理等领域已有较为成熟的标准体系。基于全国信标委大数据标准工作组 2023 年 3 月发布的《大数据标准化白皮书（2023 版）》对全球数据标准现状进行梳理，主要包括国际标准化组织及其职能、相关数据领域国际标准情况等。

1. ISO/IEC JTC 1（信息技术联合委员会）

（1）ISO/IEC JTC 1/SC 32（数据管理和交换分委员会）。

ISO/IEC JTC 1/SC 32（以下简称 SC 32）致力于研制本地和分布式信息系统环境内部及之间的数据管理标准，为促进跨行业领域的数据管理协调提供使能技

---

① 中国信息通信研究院云计算与大数据研究所，CCSA TC601 大数据技术标准推进委员会．数据资产管理实践白皮书（4.0）[R/OL]．（2019-06-05）[2024-04-30]．http：//www.caict.ac.cn/kxyj/qwfb/bps/201906/P020190604471240563279.pdf.

② 中国信息通信研究院云计算与大数据研究所．数据标准管理实践白皮书[R/OL]．（2019-12-10）[2024-04-30]．http：//www.cbdio.com/image/site2/20191216/f42853157e261f617d6f1f.pdf.

术。主要包括：

1）协调现有和新生数据标准的参考模型和框架；

2）数据域、数据类型和数据结构的定义以及相关语义；

3）用于持久储存、并发访问、并发更新和数据交换的语言、服务和协议；

4）用于构造、组织和注册元数据以及与共享和互操作性相关的其他信息资源（包括电子商务）的方法、语言、服务和协议。

SC 32 下设四个工作组，其职能和主要标准如表 2-4 所示。

表 2-4　SC 32 工作组及其职能、标准

名称	职能	相关标准
WG 1 电子业务（eBusiness）工作组	研制开放式电子数据交换（EDI）参考模型及其业务运营视图（BOV）方面的电子业务标准	ISO/IEC 14662《信息技术　开放式电子数据交换参考模型》
		ISO/IEC 15944《信息技术　业务运营视图》（由多部分组成，目前共 21 部分）
WG 2 元数据（Meta Data）工作组	研制元数据相关标准，包括元数据本体和注册等	ISO/IEC 5394《信息技术　概念系统的准则》
		ISO/IEC 21838《信息技术　顶层本体（TLO）》
		ISO/IEC 19502《信息技术　元模型（MOF）》
		ISO/IEC 19763《信息技术　互操作性的元模型框架（MFI）》
		ISO/IEC 19583《信息技术　元数据概念和用法》
		ISO/IEC 11179《信息技术　元数据注册（MDR）》
		ISO/IEC 19773《信息技术　元数据注册（MDR）模块》
		ISO/IEC 20943《信息技术　实现元数据注册内容一致性》
		ISO/IEC 20944《信息技术　元数据注册互操作性和绑定（MDR-IB）》
		ISO/IEC 19503《信息技术　XML 元数据交换（XMI）》
		ISO/IEC 10027《信息技术　信息资源词典系统（IRDS）框架》
		ISO/IEC 10728《信息技术　信息资源词典系统（IRDS）服务接口》
		ISO/IEC 11404《信息技术　通用数据类型（GPD）》
		ISO/IEC 14957《信息技术　数据元素值的表示法　格式符号》
		ISO/IEC 24707《信息技术　普遍逻辑（CL）基于逻辑的语言族框架》

名称	职能	相关标准
WG 3 数据库语言（Database language）工作组	研制 SQL 和 GQL 等数据库语言标准	ISO/IEC 9075《信息技术　数据库语言　结构化查询语言（SQL）》（由多部分组成，目前共 13 个部分）
		ISO/IEC 9579《信息技术 SQL 的远程数据库访问及安全增强》
		ISO/IEC 19075《信息技术　数据库语言 SQL 的使用指南》（由多部分组成，目前共 9 个部分）
		ISO/IEC 39075《信息技术　数据库语言　图形查询语言（GQL）》
WG 6 数据用法（Data usage）工作组	研制数据用法相关标准，包括数据用法定义和用例等	ISO/IEC 5207《信息技术　数据用法　术语和用例》
		ISO/IEC 5212《信息技术　数据用法　数据用法指南》

资料来源：全国信标委大数据标准工作组：《大数据标准化白皮书（2023 版）》。

（2）ISO/IEC JTC 1/SC 42/WG 2（人工智能分委员会/数据工作组）。

ISO/IEC JTC 1 于 2013 年 11 月全会上成立了 ISO/IEC JTC 1/SG 2 大数据研究组，主要负责开展大数据领域关键技术、参考模型以及用例等基础标准研究，确定大数据领域应用术语和定义，评估当前大数据标准具体需求等。在 2014 年 11 月 JTC 1 全会上，ISO/IEC JTC 1/SG 2 向 JTC1 提交了研究报告，并建议成立独立的 ISO/IEC JTC 1/WG 9 大数据工作组，其工作重点包括：开发大数据基础性标准，包括参考架构和术语；识别大数据标准化需求；同大数据相关的 JTC 1 其他工作组以及同 JTC 1 外其他大数据相关标准组织保持联络关系。2017 年 10 月，在 ISO/IEC JTC 1 第 32 次全会上决议成立 ISO/IEC JTC 1/SC 42（人工智能分委员会），并决定在 JTC 1/SC 42 正式成立后，解散 JTC 1/WG 9 大数据工作组，将其在研项目转至 JTC 1/SC 42 中。2018 年 4 月，ISO/IEC JTC 1/SC 42（人工智能分委员会）第一次全会在北京召开。JTC 1/SC 42 正式向 JTC 1 申请将 JTC 1/WG 9 在研项目转至 JTC 1/SC 42 中。2018 年 10 月，ISO/IEC JTC 1/SC 42（人工智能分委员会）第二次全会在美国加利福尼亚召开，会议上正式成立 WG 2 大数据工作组。2020 年 4 月，ISO/IEC JTC 1/SC 42 全会决定 WG 2 更名为数据工作组，工作范围为人工智能、大数据和其他数据分析语境下的数据标准化。2020 年 4 月，启动了数据质量特设小组，研究用于分析和机器学习的数据质量标准化需求。

截至 2023 年 3 月，ISO/IEC JTC 1/SC 42/WG 2 已开展 11 项人工智能数据领域国际标准研制工作，其中 5 项标准已发布，具体如表 2-5 所示。

表 2-5　数据工作组相关数据领域国际标准情况

序号	标准号/计划号	标准名称	状态
1	ISO/IEC 20546：2019	《信息技术　大数据　概述和术语》	发布
2	ISO/IEC TR 20547-1：2020	《信息技术　大数据参考架构　第 1 部分：框架与应用》	发布
3	ISO/IEC TR 20547-2：2018	《信息技术　大数据参考架构　第 2 部分：用例和衍生需求》	发布
4	ISO/IEC 20547-3：2020	《信息技术　大数据参考架构　第 3 部分：参考架构》	发布
5	ISO/IEC TR 20547-5：2018	《信息技术　大数据参考架构　第 5 部分：标准路线图》	发布
6	ISO/IEC 24668	《信息技术　人工智能　大数据分析过程管理框架》	在研
7	ISO/IEC 5259-1	《人工智能　分析和机器学习的数据质量　第 1 部分：概述、术语和示例》	在研
8	ISO/IEC 5259-2	《人工智能　分析和机器学习的数据质量　第 2 部分：数据质量度量》	在研
9	ISO/IEC 5259-3	《人工智能　分析和机器学习的数据质量　第 3 部分：数据质量管理要求和指南》	在研
10	ISO/IEC 5259-4	《人工智能　分析和机器学习的数据质量　第 4 部分：数据质量过程框架》	在研
11	ISO/IEC 8183	《信息技术　人工智能　数据生存周期框架》	在研

资料来源：全国信标委大数据标准工作组：《大数据标准化白皮书（2023 版）》。

（3）ISO/IEC JTC 1/SC 27/WG4（信息安全、网络空间安全和隐私保护分委员会/安全控制与服务工作组）。

该组织研制标准情况如表 2-6 所示。

表 2-6　安全控制与服务工作组相关数据领域国际标准情况

序号	标准号/计划号	标准名称	内容	状态
1	ISO/IEC 20547-4	《信息技术　大数据参考架构　第 4 部分：安全与隐私保护》	提供了适用于 ISO/IEC 20547-3 所确立的大数据参考架构（BDRA）的安全与隐私保护方面指导，包括大数据角色、活动和功能组件，还提供了大数据安全与隐私保护的操作指南	发布

序号	标准号/计划号	标准名称	内容	状态
2	ISO/IEC 27045	《信息技术　大数据安全与隐私保护　过程》	分析了大数据安全和隐私过程，定义了过程参考模型和过程评估模型，用于评估和改进组织的大数据安全与隐私保护能力	在研
3	ISO/IEC 27046	《信息技术　大数据安全与隐私保护　实现指南》	旨在分析大数据安全与隐私保护的关键挑战和风险，并在大数据资源以及组织、分发、计算和销毁大数据方面提供实施大数据安全与隐私保护的指导	在研
4	ISO/IEC PWI 6109	《数据生存周期日志审核指南》	提出了在数据生存周期的所有阶段管理、使用、保护和审核日志的指南，适用于数据生存周期日志管理、数据安全事件监测与预警、分析与追溯等	预研

资料来源：全国信标委大数据标准工作组：《大数据标准化白皮书（2023 版）》。

2. ITU-T（国际电信联盟电信标准化部门）

从 ITU-T 的角度来看，大数据发展面临的最大挑战包括数据保护、隐私和网络安全，以及法律和法规的完善。根据 ITU-T 现有工作基础，其开展的标准化工作包括高吞吐量、低延迟、安全、灵活和规模化的网络基础设施，汇聚数据机制和匿名，网络数据分析，垂直行业平台的互操作性，多媒体分析，开放数据标准等。

目前，ITU-T 大数据标准化工作主要集中在 SG13（第 13 研究组：未来网络包括云计算、移动和下一代网络）、SG16（第 16 研究组：多媒体编码、系统和应用）、SG17（第 17 研究组：安全）以及 SG20［第 20 研究组：物联网（IOT）和智能城市及社区（SC&C）］等。

3. IEEE BDGMM（大数据治理和元数据管理）

该组织于 2017 年 6 月成立，主导大数据标准化工作。具体而言，其工作是指导如何治理大数据和大数据交换，使大数据消费者能更好地了解什么是可用的以及如何访问；帮助大数据生产者正确设定期望，并采取措施确保其数据集能够按照其期望进行维护和共享；帮助存储大数据的组织就如何存储、策划、公开和以其他方式治理大数据做出决策，以便为消费者和生产者提供最佳服务。

基于前期研究成果《大数据治理和元数据管理标准路线图白皮书》，2021 年 3 月 10 日立项 IEEE 2957《大数据治理和元数据管理参考架构标准》。内容包括：

（1）标准范围和目的；

（2）术语定义；

（3）物联网、社交媒体、智慧城市、智能制造、5G 无线网络和医疗保健等领域的一般数据特征；

（4）案例研究和挑战；

（5）BDGMM 框架需求，包括治理管理、元数据管理、数据混搭、分析、数据特征等方面的需求；

（6）相关标准，涉及 ISO/IEC JTC1 SC32/WG2、SC42 WG1、DC（都柏林核心元数据集）、W3C DCAT（数据目录词汇表）、CERIF（通用欧洲研究信息格式）、数字对象架构、永久标识符等；

（7）BDGMM 参考架构。

4. NIST（美国国家标准技术研究所）

NIST 是最早进行大数据标准化研究的机构之一，专门与行业、学术界和政府一起成立大数据工作组（NBD-PWD）对大数据的发展和应用以及标准化进行研究，以创建一个基于共识的可扩展大数据互操作性框架（NBDIF）。

NBDIF 是一个供应商中立、技术和基础设施独立的生态系统，能让如数据科学家、研究人员等大数据利益相关者利用可用的最佳分析工具，通过使用可交换架构组件之间的标准接口来处理和获取知识。NBDIF 分三个阶段开发，目标是实现 NIST 大数据参考架构（NBD-RA）的以下三个目标：

一是确定高层大数据参考体系架构的关键组件，即与技术、基础设施和供应商无关的组件；

二是定义 NBD-RA 组件之间的通用接口，目标是将低层交互聚合为高层通用接口，并制作一套白皮书以演示如何使用 NBD-RA；

三是通过通用接口构建大数据通用应用程序，验证 NBD-RA。

当前，大数据互操作性框架（NBDIF）已经历三个版本：第一版本于 2015 年 9 月发布，包括定义、分类法、用例和需求、安全和隐私保护、架构白皮书、参考架构、标准路线七卷；第二版本于 2018 年 6 月发布，在修改完善第一版内容的基础上，增加了参考架构接口、现代化和采用两卷；第三版本则对前两版内容作了进一步的完善，于 2019 年 10 月发布。NIST 的一系列报告为大数据标准化工作提供参考。

四、全球技术研发及成熟度

在大数据时代，数据技术作为核心驱动力，其研发和成熟度对于推动产业进步和应对复杂业务需求具有至关重要的作用。随着数据规模的指数级增长和数据类型的多样化，传统数据处理技术已难以满足日益严苛的性能和准确性要求。因此，我们亟须对数据技术的研发及成熟度进行深入研究，以提升其应对挑战的能力，为未来的技术创新和应用奠定坚实基础。

1. 数据技术发展现状

《大数据标准化白皮书（2023 版）》指出，数据技术（数据基础架构、数据驱动的应用程序等）的快速发展，驱动数据生态系统的建设。随着云数据、数据仓库、数据湖技术趋于成熟，存储与处理大数据将不再成为瓶颈，并逐步解锁大数据与人工智能相关领域的发展。2021 年，大数据技术发展重点逐步转向数据网格、DataOps（包括数据血缘、数据质量、数据可靠性工程、数据获取与治理）、数据实时处理、数据共享等领域。

该白皮书对大数据技术发展现状、存在问题和挑战以及发展趋势进行了分析，具体内容如表 2-7 所示。

表 2-7　数据技术发展现状

名称	具体内容	问题与挑战	发展趋势
数据收集技术	**网络爬虫** 按照一定规则自动抓取 Web 网页数据的技术，基于标准的网络通信协议和网页格式规范获取网页数据 **ETL** 通过对接生产系统的数据库、数据文件以及数据接口等，将数据从来源端经过抽取、转换、加载至目的端的过程，除传统批处理式 ETL 外，针对流式数据处理相关开源产品支持 **ESB** 采用"总线"模式管理，以简化应用之间的集成拓扑结构，支持应用之间在消息、事件和服务动态的互联互通，实现跨系统数据、消息的交互和转换 **RPA** 通过模拟并增强人类与计算机的交互过程，实现从计算机应用程序获取数据或与其交互数据的目的 **数据反射技术** 基于内存数据重建软件体系结构，从而构建反射系统，以计算反射的方式实现数据互操作的一系列技术，以黑盒的方式实现数据互操作，实现系统数据接入和开放	数据接入与开放技术中数据多源异构，接入方式难统一；数据孤岛现象，缺乏通用解决方案；流式数据接入，实时需求难满足	呈现多态数据接入与开放统一架构趋势
数据预处理技术	**数据整理** 是指各业务系统数据集成到大数据平台过程中，对数据进行标准化、系统化的清洗与汇总过程，依托于规范设计、指标体系、标准体系和标准数据四大流程 **数据质量评价** 依据相关质量模型与度量方法，对数据的质量进行定性与定量的评估。数据质量不是追求 100%，而是从数据使用者的角度定义，满足业务、用户需要的数据即"好"数据	数据整理与质量评价技术中遗产系统复杂，数据质量参差不齐难以利用；数据质量需求涌现，数据可信和一致化的要求高；现有数据治理工具能力不足，缺乏功能完善且标准化的数据治理体系与平台	亟待强化数据规范设计，构建质量管理与评估体系，促进质量管理工具化、工程化

续表

名称	具体内容	问题与挑战	发展趋势
数据存储技术	**分布式文件系统** 系统中每个数据块会在不同的节点存储三个副本，具有高容错性，可以提供高吞吐量的数据访问能力，在海量数据批处理方面有很强的性能表现 **数据库** NoSQL 数据库具有灵活的数据模型和高可用性等特点，能够极大适应云计算需求 **云存储** 通过在第三方部署降低了采购和管理成本 **数据湖** 以其拓展性和敏捷性轻松收集、治理数据，有效消除数据孤岛 **磁光电混合存储技术** 更适合海量非结构化数据的分级存储，具有易扩展、低成本、安全、绿色等特点	数据存储技术中难以满足交易类数据高性能、高可靠要求；海量非结构化数据，长期保存难；数据流动性差，数据要长期保存，更要无缝流动才能产生更多价值	呈现超融合存储机制、预测存储分析技术、多云存储战略等模式共存的发展趋势
数据计算技术	**批处理模型** 吞吐率较高，适用于海量预存数据的成批处理 **流处理模型** 处理时延较短，适用于产生速度快并需及时处理的实时数据流 **混合处理模型** 综合批处理和流处理优点，但系统复杂且不易部署实施 **面向巨型图数据处理的图处理模型** 主要面向社交网络图处理场景，处理亿万个顶点的图数据 **多种模式深度融合的并行处理框架** 如批流融合的技术方案，主要有跨引擎流批一体、引擎自身流批一体两种 **图流处理模式融合** 图数据和实时数据爆发增长推动，国际主流的开源流处理平台与图数据库均逐渐向图流融合的方式发展	数据质量参差不齐，不同源系统的数据质量存在明显差异；数据安全管理问题复杂，不同来源数据的敏感信息没有相关的数据安全管理行业标准或规范可遵循	数据处理量级指数级攀升，数据处理时效显著提高，数据处理数据类型日益增多；数据处理面向的业务场景愈加复杂

续表

名称	具体内容	问题与挑战	发展趋势
数据分析技术	侧重如何从数据中更多、更深地挖掘信息，基于深度学习的人工智能、知识计算、社会计算等逐渐成为技术发展趋势和重点	数据复杂性带来的计算复杂度激增；计算复杂性带来的算力挑战；数据分析带来的数据隐私和安全问题	将基于深度学习技术继续推动大数据的智能应用：多模态数据分析；分析过程可视化；安全可信（是满足关键领域和场景下认知和决策安全的基本需求）
数据可视化技术	利用视觉效果，通过地理空间、时间序列、逻辑关系等不同维度，呈现不同类型数据，以便分析数据价值、规律、趋势和关系。现有数据可视化技术主要分为基于几何技术、基于图标技术、层次可视化技术等，其研发成果已融入测绘、互联网等国民经济产业，主要涉及网络数据可视化、交通数据可视化等领域	异构数据难融合，数据质量难统一；数据规模庞大，数据分析复杂，处理效率低下；安全问题凸显，国产化软件支持不足	使用者与数据的交互更深入，个性化适配要求高，系统的可扩展性将成为关键性指标，产品和应用将继续拓展且更趋向大众化
数据安全与隐私保护技术	**大数据系统安全** 涉及数据安全（如备份容灾、数据加密）、应用安全（如身份鉴别和认证）、设备安全（如网络安全、主机安全）等方面 **隐私计算技术** 是面向隐私信息全生命周期保护的计算理论和方法，是隐私信息的所有权、管理权和使用权分离时隐私度量、隐私泄露代价、隐私保护与隐私分析复杂性的可计算模型与公理化系统	个人信息授权与数据充分利用的平衡；现有隐私计算技术性能或组网可靠性不足；大量的计算消耗或公网传输消耗会影响性能及网络稳定性；可信执行环境面临物理临近攻击与侧信道攻击风险	将在受控匿名化机制、同网密态计算方法、安全联邦学习技术等领域持续发展，互相弥补不足，为数据可用不可见的创新应用场景提供技术保障和支持

资料来源：全国信标委大数据标准工作组：《大数据标准化白皮书（2023版）》。

2. 数据技术演进趋势

中国信息通信研究院发布的《数据要素白皮书（2023年）》认为数据技术随业务要求不断演进，并指出，当前第一代数据技术（DT1.0）和第二代数据技术（DT2.0）体系已基本成熟，第三代数据技术（DT3.0）逐渐兴起。

（1）第一阶段（DT1.0时代）。

数据技术支撑业务贯通。在这一阶段，数据主要源自业务运作，并在不同的业务系统内实现共享与流通。此时，数据技术的主要功能是支持数据的事务处理，典型的技术手段包括文件系统和数据库等，为数据的有效处理提供关键支持。

（2）第二阶段（DT2.0时代）。

数据技术推动数智决策。数据在经历挖掘、清洗、筛选等处理流程后，被嵌套进各种实际业务场景中，进而助力业务实现智慧化和智能化的决策。在此阶段，数据技术主要以数据仓库、数据湖以及湖仓一体等先进技术为代表，为数据的深入分析和高效治理提供强有力的支撑。

（3）第三阶段（DT3.0时代）。

数据技术进入可信流通对外赋能阶段。在这一阶段，数据不仅限于企业内部流转，还将通过广泛的流通实现更大的价值，进而促进多方共同受益。数据技术将引领各行业从简单的"有数可用"迈向高效的"数尽其用"，致力于实现全场景智能、跨领域协同以及数据流通的跨域安全管控，推动数据要素的价值不断扩展到更多的应用场景中。在技术层面，相对匿名化、隐私计算、区块链、全密态数据库以及防篡改数据库等技术成为关键支撑，确保数据要素在流通过程中保持可信与安全。

进一步地，该白皮书指出，随着数据交易流通需求的不断增加，数据要素对数据技术提出可控、可计量、可流通的新要求，新技术不断被研发和应用，为数据要素价值释放保驾护航。一方面，以云原生、软硬协同以及湖仓一体等技术为代表的数据处理技术持续助力用户降本增效；另一方面，以人工智能、隐私计算、区块链及图技术等为代表的新兴技术持续护航数据要素安全流通；此外，向量数据库、图分析技术、时空大数据平台以及时空数据库等技术有效支持新兴业务场景下的数据要素价值释放。

同时，该白皮书围绕数据采集、存储、计算、管理、流通、安全等环节，对数据要素技术体系进行建构（见图2-4），并对相关技术趋势进行分析。

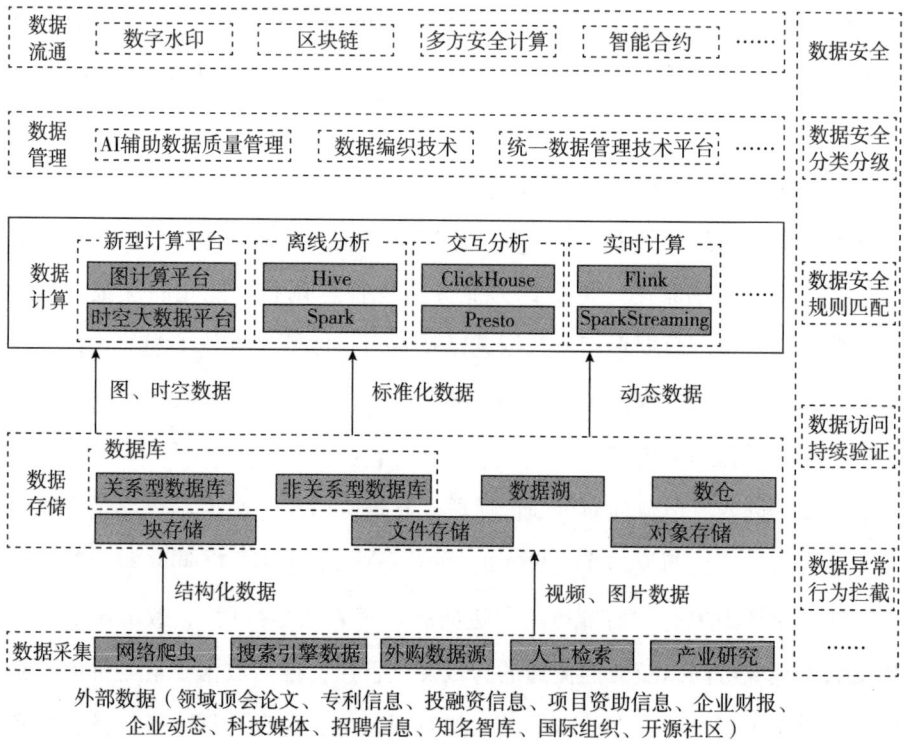

图 2-4 数据要素重构技术体系

资料来源：中国信息通信研究院：《数据要素白皮书（2023 年）》。

1）数据采集。

传统数据采集主要依赖于外部数据源的购买、人工检索以及搜索引擎等手段。然而，随着技术的进步，未来的数据采集技术将呈现多样化的趋势，包括采集途径的多样化、数据类型的多样化以及数据结构的多样化。特别是物联网技术的迅猛发展，将极大地拓宽数据采集的边界，使其涵盖更广泛的领域和更丰富的信息。

2）数据存储。

数据存储技术正朝着更高性能和更低成本的目标不断升级，从传统的以存算耦合为特征的存储架构逐渐过渡到采用存算分离的新型架构，旨在提升资源的共享性和伸缩性，以适应日益增长的数据存储需求。

3）数据计算。

为了满足日益多样化的数据处理需求，新型计算平台不断涌现，并且这些平台在计算实时性和交互性方面将持续得到提升，以提供更加高效和便捷的计算服务。

4）数据管理。

传统数据管理技术因其高度依赖人工操作而显得效率低下，随着 AI 技术的不断进步，将极大地减少人工干预，从而提高数据管理的整体效率，并有助于压缩成本和时间周期。

5）数据流通。

在传统的数据流通环节中，由于明文数据的复制成本极低，导致数据资源的持有权管理面临失控的风险。随着技术的不断发展，未来数据流通过程中将更加注重实现"数据可用不可见""数据可控可计量"以及"可溯源存证"等技术理念，以确保数据的安全性和可控性。

6）数据安全。

这一技术将逐渐从传统的、基于防护边界的安全技术，转向一种更为全面、深入的保护全生命周期的内生安全技术。

最后，该白皮书指出，在以上环节构成的技术体系不断革新完善的基础上，数据要素基础设施和可信数据空间等综合性的技术框架将逐步得以确立并成形，成为解决数据共享流通瓶颈、提升安全可信度以及保护数据内容等问题的关键技术支撑，有力保障数据要素在供给方、使用方、服务方和监管方等多方主体间的顺畅流通与高效协作，进而实现数据价值的最大化释放。

第五节　数据要素的价值实现：理论框架与实例

在大数据时代，数据要素的价值日益凸显，成为推动各行各业创新发展的关键因素。然而，如何实现数据要素的价值最大化，却是一项复杂而富有挑战的任务。

王雪等（2023）通过梳理当前研究成果，对数据要素的价值实现机理进行了阐述。他们认为，数据要素的价值创造与实现过程被视为从原始数据到数据产品的整体耦合过程，也称数据价值链；并指出国内外学者大都从数据生命周期角度来分析数据价值链，具体可分为数据获取、数据存储、数据分析及数据应用等基本阶段。相关研究如 Faroukhi（2020）提出的数据生成、数据采集、数据分析、数据交换四环节模型以及 Curry（2016）提出的数据采集、数据分析、数据管理、数据存储、数据利用五环节模型。基于对数据要素价值周期的解构，研究者还从价值形态角度探究数据要素的价值实现机理，如李海舰和赵丽（2021）认为"数据资源—数据资产（产品）—数据商品—数据资本"的数据形态演进带动了价值形态的演进，本质上完成了"潜在价值—价值创造—价值实现—价值增值"过程（见图2-5），他们指出，目前研究大多局限于对数据资源、数据资产等概念的辨析，缺乏对全要素生命周期、多主体互动协同机制的探讨，难以揭示数据要素价值创造的深层机理。在此基础上，王雪等（2023）认为，在价值实现方式上，现有研究十分重视数据要素与传统生产要素的有机结合，普遍认为数据要素市场与传统要素市场的内在联动是数据作为要素属性价值实现的重要体现。有别于传统生产要素，数据要素具有强协同性，能够赋能其他生产要素，提高企业生产与管理效率。企业通过大数据分析手段提高信息处理能力，可减少现金、库存和过剩产能，降低不确定性和风险（Chen et al.，2015）。此外，数据也能够在生产过程中与土地、资本等传统生产要素形成新的组合方式，改变生产函数属性，进而提升生产效率（张昕蔚和蒋长流，2021）。随着数据要素市场化配置进入政策议程，相关研究已从单一的场景刻画逐渐转向系统设计数据要素和传统生产要素的联动模型。代表性成果有："数字产业化、产业数字化和全要素数据化"的三层次模型（张昕蔚和蒋长流，2021）、"两要素互补、多要素协同、全要素耦合"三层作用机理模型（白永秀等，2022）等。

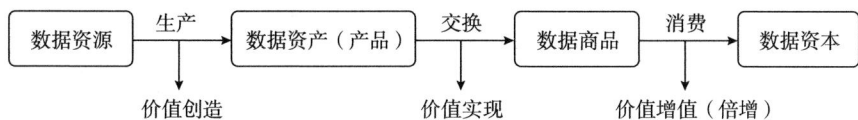

图 2-5　数据价值形态演进过程

资料来源：李海舰和赵丽：《数据成为生产要素：特征、机制与价值形态演进》。

此外，《数据要素白皮书（2022 年）》认为，数据要素主要通过三条途径实现价值，包括业务贯通、数智决策、流通赋能，具体过程如图 2-6 所示。

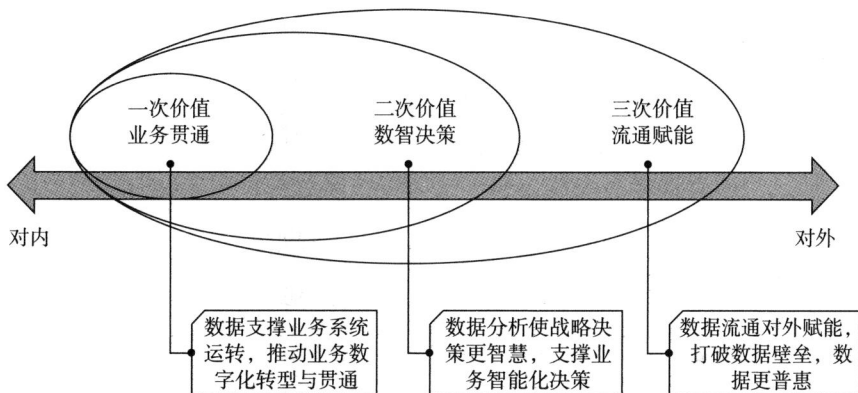

图 2-6　数据要素的三次价值释放

资料来源：中国信息通信研究院：《数据要素白皮书（2022 年）》。

一、一次价值：数据支撑业务贯通

数据在投入生产后的价值首先体现在支撑企业、政府业务系统的正常运转上，确保业务间的顺畅贯通。这些数据是通过各个业务系统的设计而产生的，其核心作用是维持业务系统的稳定运行。借助计算机对数据的读写操作，能够打破线下与线上的界限，初步实现业务的标准化、自动化管理和运营。在这一阶段，数据的产生是集中的，存储方式单一，形式相对简单。因此，相应的数据治理工作主要聚焦于常规的数据库管理，如增、删、改、查、对齐、合并等操作，更多地关注于局部业务领域的流程优化和相关业务数据的整合。尽管此时数据尚未得到深度整合与分析，数据的开发利用也尚未受到广泛重视，但数据对业务运转与贯通的初步支持，无疑是实现数字化转型、提升内部管理效率的第一步。

案例1　一次价值释放

- 20世纪末，谷歌公司诞生后革新了数据存储和计算系统的面貌，使其能够高效处理当时互联网上浩如烟海的数据，进而构建出精确且高效的搜索引擎。依托庞大的数据量和先进的排序算法，谷歌的搜索业务取得了巨大的商业成功，从而奠定了该公司在行业中的领先地位。

- 当前，我国各级政府的业务信息系统建设与应用成果显著，通过业务的数字化处理，有效促进数据在系统中的流通与融合。同时，公共服务的水平也实现全面提升，诸如"最多跑一次""一网通办""一网统管""一网协同"等创新实践不断涌现，在提升政府服务效率的同时，为当前数字政府建设奠定坚实基础。

为推动数据实现一次价值释放，企业和政府的工作重心主要聚焦于业务数字化以及各种业务信息系统的构建。在此阶段，各方主体持有的数据类型相对较为单一，对计算的需求相对简单，技术门槛亦相对较低。其核心在于对业务需求的深入挖掘，并明确业务数字化的方向。例如，制造业企业通过构建订单数据管理系统，实现物流、信息流、资金流的协调与核验，从而有效促进整个业务流程的顺畅运转。随着业务信息系统的逐步建立，企业和政府的数据得以独立存储和统一管理，大量有价值的业务数据得以不断积累，这为后续进一步挖掘数据的生产要素价值奠定了坚实的基础。

二、二次价值：数据推动数智决策

数据要素在生产过程中的二次价值释放，具体体现在通过深度加工、精准分析以及建模处理，能够揭示更为深刻的关系与规律，进而提升生产、经营、服务、治理等环节决策的智慧化、智能化和精准化水平。借助数据分析、人工智能等先进技术的支持，数据的自动化、智能化采集、传输、处理及操作共同构建了一个全新的生产体系，该体系能够全面优化经营分析与决策过程，使数据要素成为企业竞争力的重要决定因素。深入探究其原因，数据要素二次价值释放的核心在于其能够提供独特的观察视角，基于此视角，可以构建出全新的理解、预测甚至控制事物运行的体系，从而突破经验的束缚，更为及时有效地防范化解风险，创新行动策略。

案例2　二次价值释放

- 2012 年海尔公司利用成熟的技术工具栈，成功构建了覆盖业务管理与经营决策的全面数据链体系，进而借助业务智能化手段，优化了管理岗位的员工结构。
- 国内各大银行积极整合中小企业的经营数据，深入分析以形成更为精准的企业客户画像与信用评分，据此对中小企业的贷款风险进行精准评估，从而为中小企业提供低成本融资的可能性。

从上述两个案例可以看出，数据要素不仅能够应用于自有业务，为分析决策提供有力支撑，还能有效优化传统生产要素的经营与配置，进而实现传统要素价值的倍增，提高全要素生产效率。借助数据驱动的智慧化、智能化决策，可以在减少要素资源投入的同时，创造更多的物质财富和服务，从而有助于促进生产率的显著提升、产业链的持续优化以及竞争力的全新塑造。

数据二次价值释放过程对企业在数据挖掘与洞察能力方面提出了更为严苛的要求。无论是宏观趋势的研判还是微观业务的执行，数据均有助于消除人为认知的误区和主观偏见。一方面，在管理和分析海量数据的基础上，决策者需结合对业务目标的深刻认识，依托数据所揭示的关键指标与信息，对发展态势进行深入评估，从而做出更具智慧的决策。另一方面，数据二次价值能够直接反哺一次价值，企业需充分利用数据分析结果，探寻关键的函数、标签和画像，实现预测、分析和决策的自动化，进而推动业务运作的智能化进程。

三、三次价值：数据流通对外赋能

数据要素投入生产的三次价值释放，有效促进了数据的流通，使其流向需求更为迫切的领域。在此过程中，不同来源的优质数据在新的业务需求和场景中汇聚融合，从而实现了双赢乃至多赢的价值利用。随着政府和企业数字化转型的深入推进以及智能化水平的持续提升，各组织对数据的需求已超越自身所能产生的范畴。政府期望各级各部门的数据能够实现对接共享，以提升政务管理和公共服务的效能；而企业则希望通过获取其他企业或政府部门的数据来丰富自身的数据挖掘能力，从而催生了数据流通的需求。对于数据提供方而言，数据的流通并不会减损其所持有数据的价值，反而有可能实现这部分价值的变现，进而带来新的业务增长点，最终达成双赢乃至多赢的共赢局面。

案例3　三次价值释放

- 政府利用市场监督管理部门的企业注册数据、法院的企业判决数据以及银行的信用数据等多维度信息，可以精准地绘制出企业画像。
- 政府利用电网提供的用电数据、电商平台提供的消费数据以及物流公司提供的物流数据等，可以从中获取宏观经济的观察指标。

通过上述实例，可见社会经济活动中的各种事项均能从多方数据中获取赋能。其中涉及的数据流通具有巨大的市场规模潜力，使数据要素的价值在多元场景中得以持续释放。这一过程将数据要素的业务价值、经济价值和社会价值等显性化，为数据要素市场的蓬勃发展提供了强大的推动力。

《数据要素白皮书（2022年）》指出，从数据应用的业务需求角度出发，业界对数据的关注焦点已逐渐从"对内"转向"对外"。在"十三五"时期，数据被视为珍贵的钻石矿，主要强调在组织内部应用数据以实现其价值。而进入"十四五"时期，数据要素的市场化配置成为新焦点，这增加了从组织外部获取和提供数据的视角，进一步凸显了数据在流通中所实现的价值增值。然而，部分企业在资金、人才和技术水平方面存在不足，尚无法实现业务数据的电子化或分析决策的智能化。即便引入外部数据，这些企业也往往无法有效利用，无法形成对业务发展的价值回馈。因此，数据在支撑业务贯通和促进数智决策方面的价值仍需进一步释放。同时，数据流通对外赋能的价值也应在前两次价值的基础上逐步展现。

第三章

数据要素市场：逻辑与要求

第一节　数据要素市场建设背景

任何一种经济社会的发展形式变化时，均伴有新的社会生产方式因素涌现，从而促进了社会生产关系飞跃，也体现了人类生存手段、生产方式、社会组织形式、思维模式等变化，这其中，对生产要素的开发和配置起到了重要作用。不同的社会形态往往对应不同的生产力水平以及与之相适应的生产要素，生产要素的转换是社会更迭的重要标志。农业时代，社会生产方式以开发利用土地为主，关键生产要素是土地和劳动力，社会财富的积累主要来源于劳动力。工业时代，科学技术成为第一生产力，科技创新极大地改变了人类的生活和生产方式，推动了人类社会发展进步。生产方式以开发利用能源资源为主，关键生产要素是劳动力、资本和技术，社会财富的积累主要来源于劳动力和资本。进入数字经济时代，新一代数字技术的飞速发展与广泛应用，推动数字经济快速崛起，数据在经济活动中的价值逐渐显现出来，并发展成为核心生产要素。围绕数据的收集、存储、加工、处理、分析应用等过程中释放出的数据生产力，正在成为驱动社会经济发展的强大驱动力。

数据要素由于具备非稀缺性、非损耗性、非排他性，会产生很强的规模经济性、外部性和准公共物品特征。这些特征可能会导致数据要素拥有者缺乏生产和交易数据的动力，进而导致数据要素不能促进经济增长。数据价值实现高度依赖于数据规模、质量以及同其他要素融合应用程度，必须通过流通才能创造出价值闭环，促使数据价值在不断地汇集、流通、应用中被创造和再拓展，推动数据要素市场化配置成为探索数据价值开发的关键所在。基于以上背景，需要对尚未完全由市场配置的数据要素进行开发利用，并将其转向由市场配置，即数据要素市场化。

第二节　数据要素市场概念

对于数据要素市场的概念，国内目前尚未形成统一的定义与边界。国家工业信息安全发展研究中心提出，"数据要素市场就是将尚未完全由市场配置的数据要素转向由市场配置的动态过程，其目的是形成以市场为根本调配机制，实现数据流动的价值或者数据在流动中产生价值"。数据要素市场是以数据产品及服务为流通对象，以数据供方、需方为主体，通过流通实现参与方各自诉求的场所，是一系列制度和技术支撑的复杂系统，是促进数据自主有序流动、提高配置效率、发挥数据价值的关键（吕艾临和王泽宇，2023）。

从市场经济角度来看，为了实现数据作为生产要素的根本需求，需要通过市场将数据要素配置到各个生产环节及领域，即数据要素供需通过市场交易来实现。通过促进数据要素的大规模、广泛地流通交易，提升数据要素利用效率，释放数据生产要素价值（陈兵，2023）。从政策部署角度来看，推动数据要素市场的发展，并不单纯局限于狭义"市场"，而是以数据要素流通交易为核心，贯穿数据要素的全生命周期，包括数据基础设施建设、数据资源整合共享开放、数据治理服务、数据交易流通、数据应用开发以及数据安全等。因此，我们认为数据要素市场是为了实现数据要素在各个生产经营领域中大规模、广泛地流通，而进行的数据要素交易场所、交易关系以及相关制度的总和。从狭义上看，数据要素市场只涉及数据要素的交易流通环节。从广义上看，数据要素市场是以数据要素流通交易为主线，并涉及与数据要素价值释放的各个相关环节及领域。

第三节　数据要素市场建设原理与关键要素

一、数据要素市场建设原理

数据要素市场可分为供给、流通、应用三大环节。在供给环节，各级政府、电信运营商、大型国有企业、大型互联网公司等聚集了海量经济社会、行业、用户数据，数据服务商协助这些数据提供者，进行数据采集和分析，将原始数据转化为有价值的资源，进而为下一个阶段做好准备。在数据流通环节，主要涉及数据的流通，包括确权登记、定价和流通交易。数据的流通交易主要在数据交易所（中心）等交易机构中进行，这些交易机构通常由地方政府推动成立，或者由互联网头部企业利用自身的云服务和数据资源体系建立。数据服务商在这一过程中起着关键作用，推动数据资源的资产化，从而在流通中进一步释放数据的价值。在数据应用环节，以金融机构和互联网公司为典型代表的数据需求方通过在上一环节获得的数据产品赋能其内部和产业发展。随着数字经济和人工智能技术的不断发展，数据的应用将会扩展到更多的行业，进一步深化其在各个产业中的应用，从而实现产业赋能。

国家工业信息安全发展研究中心（见图3-1）从产业链的角度出发，将数据要素市场分为数据采集、数据存储、数据加工、数据流通、数据分析、数据应用、生态保障七大模块，覆盖数据要素从产生到发生要素作用的全过程。其中，数据采集、数据存储、数据加工、数据流通、数据分析、生态保障六大模块，主要是数据作为劳动对象，被挖掘出价值和使用价值的阶段；而数据应用模块，主要是数据作为劳动工具，发挥带动作用的阶段。数据采集环节关注确保数据采集的准确性和全面性。数据存储环节关注确保数据存储的安全性和实时调用的可行性。数据加工环节关注确保数据加工的精度和准确性。数据流通环节是数据要素市场的核心环节，关注在保障所有者权利的前提下进行合理合规的数据流通。数据分析环节关注深度分析和挖掘数据的价值和潜力。生态保障环节包括数据资产评估、登记结算、交易撮合、争议仲裁以及跨境流动监管等，旨在为数据要素市场各主体提供有效的保障，并构建一个良好的市场生态。

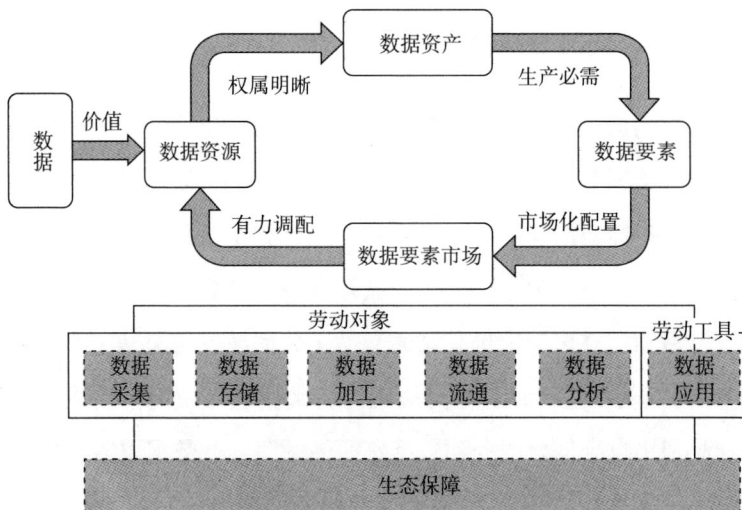

图 3-1 数据要素市场构成关系

资料来源：国家工业信息安全发展研究中心：《中国数据要素市场发展报告（2020~2021）》。

众所周知，数据要素流通交易是涉及多主体、多环节、多领域、多层次的复杂系统。在系统整理和总结现有研究成果的基础上，本书尝试从数据行业生态角度，按照"数据要素资源化供给—数据要素资产化交易—数据要素场景化消费—数据要素安全性保障"的逻辑，解构数据要素流通交易全链路，分析参与主体角色、核心交易环节和相应保障措施（见图3-2）。

（1）数据要素资源化供给。该环节主要任务是将数据供给方所拥有或者控制的原始数据，经过采集、汇聚、处理、存储、分析等一系列数据加工操作，生成数据资源。从原始数据来源分布及其集聚程度来看，公共管理与服务部门、企业和个人均是数据供给方。公共管理与服务部门将其履职过程中所形成与处理的公共数据、企业将其生产经营活动中产生的数据以及个人将其非敏感类数据通过

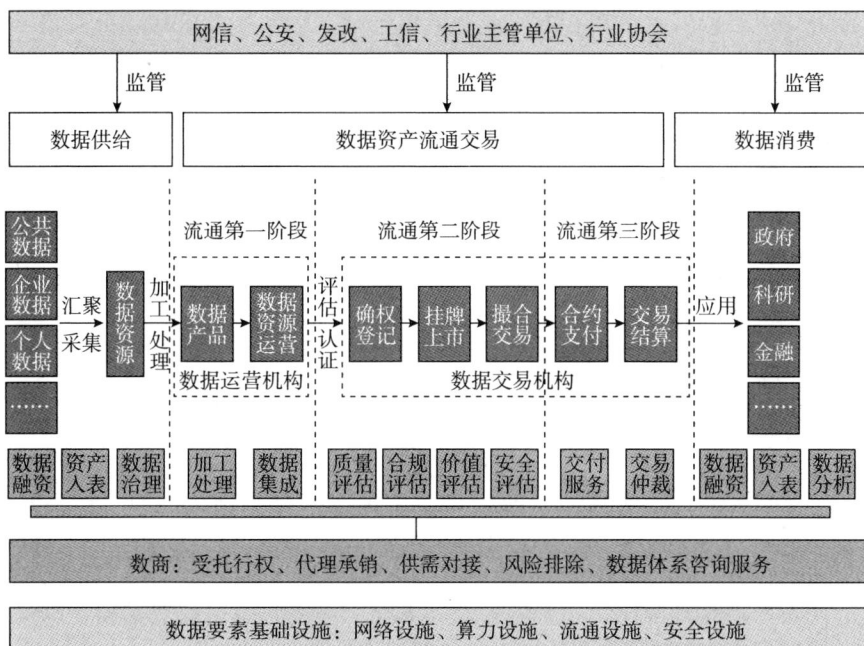

图 3-2 数据要素市场全景

共享、开放等方式进行流通（周毅，2023）。在此过程中，数商能够提供数据资产入表、数据资产融资、数据治理等服务，协助数据供给方进行数据商业化变现或数据源头治理。

（2）数据要素资产化交易。该环节是数据要素流通交易最为关键和复杂的一环，包括数据产品加工、数据资产运营、数据产品确权登记、数据产品挂牌上市、数据产品撮合交易、数据产品交易合约支付、数据产品交易结算等核心步骤，总体流程可划分为三个阶段。在第一阶段，按照"所商分离"原则，由数据运营机构负责将非标准化的数据资源进行权属界定与资产化评估，并根据市场应用需求加工形成可交易的数据标的物。现阶段，数据标的物包括数据包、数据API、许可证、数据处理服务、数据分析工具服务和数据应用服务等产品或服务。在第二阶段和第三阶段，由数据交易机构在相关监管要求制度框架下，承担受理交易申请、促成交易磋商和跟踪交易实施等工作。其中，数据产品确权登记需数据供给方提供产品名称、使用方式、源数据取得方式等基本信息，由数据交易机构进行完整性、有效性、准确性和合规性审核后，方能登记发布、挂牌上市。在交易磋商环节，数据供需双方可就交易时间、数据用途、使用期限、交易金额、安全职责、保密条款等进行线上或线下磋商，数据交易机构主要负责供需对接及准备交易合同。当数据产品交易进入交付结算流程，数据供需双方应严格按照交易合同条款约定，履行相应的交付义务和结算义务，数据交易服务机构则需提供安全稳定的交付环境，对数据交付行为进行监督和把控，并按规定做好数据交易存档工作。在此过程中，数商通过提供受托行权、代理承销、供需对接、风险排除、数据体系咨询等专业化服务，能够有效支撑数据要素资产化全环节。

（3）数据要素场景化消费。该环节主要展示的是当前我国数据产品和服务主要应用领域，涵盖政务服务、科学研究、金融服务等。从各地数据交易机构已有实践来看，以具体应用场景来引导市场需求主体参与数据消费，辅之以数据经纪人等第三方服务机构功能支撑，是当前行之有效的市场培育策略。2024 年1 月，国家数据局等17 个部门联合印发《"数据要素×"三年行动计划（2024—2026 年）》文件中，首次列明了数据要素 12 个典型应用场景，为后续探索数据要素场景化消费的发力方向提供了指引。

（4）数据要素安全性保障。该环节主要包括制度性监管保障和支撑性设施安全保障两个层面。在数据要素安全流通秩序监管层面，由网信、公安、发改、工信、行业主管部门、行业协会等机构承担监管职责，负责数据安全监管、数据产品与服务质量把控等工作任务。在数据要素安全流通环境支撑层面，涉及 5G等网络设施、数据中心等算力设施、数据交易平台等流通设施以及信息安全基础设施，是覆盖硬件、软件、开源协议、标准规范、机制设计等的有机整体。

二、数据要素市场建设关键要素

数据要素市场建设的关键要素包括六个方面（见图 3-3），分别是基础制度、市场供给、市场流通、市场应用、市场监管和基础设施（王伟玲，2023）。

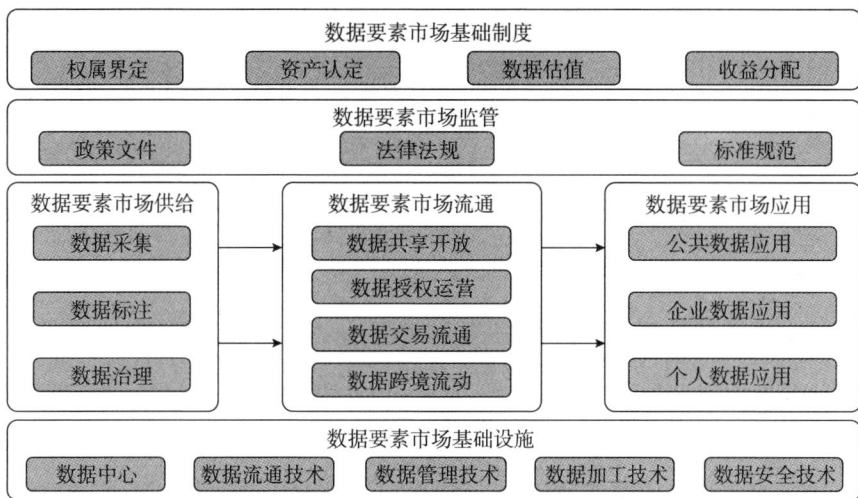

图 3-3　数据要素市场体系

资料来源：王伟玲：《中国数据要素市场体系总体框架和发展路径研究》。

基础制度是保障数据要素市场规范发展的前提条件。数据基础制度建设事关国家数字经济发展和安全大局。2022 年 12 月，《数据二十条》对外发布，从数据产权、流通交易、收益分配、安全治理等方面提出构建我国数据基础制度。清晰界定数据的所有权、使用权、管理权等权属关系，通过确权机制保障数据主体的合法权益，促进数据的有序流通和价值转化。数据价值评估制度制定了专业的价值评估框架和评估指南，从第三方视角对数据资产的使用价值、规模活性和可用场景等维度进行量化分析，为数据流通、数据交易等精准、多元的数据要素应用提供有力支撑（欧阳日辉和龚伟，2022）。收益分配制度关乎市场的公平性与效率，能直接影响到数据资源的优化配置、市场参与者的积极性以及整个数字经济的健康发展。

市场供给是数据要素市场运行的基础原料。数据要素市场供给是指在特定时间范围内和价格水平下，市场主体愿意提供的数据要素总规模。高质量、丰富的数据供给是数据要素市场形成和发展的基础。充足的供给能够吸引更多的需求方进入市场，促进数据交易的活跃度，加速数据要素市场的成熟与壮大。数据要素通过数据加工、提炼、整合形成资源，一般包括数据采集、数据标注、数据治理等新业态，重在解决数据供给质量良莠不齐等问题，涉及数据采集方、数据提供方、数据产生方等主体（高富平和冉高苒，2022）。

市场流通是数据要素市场运行的核心环节。数据要素市场流通是为数据产生方、数据使用方、数据开发方带来价值的过程，流通载体由平台运营方管控，包括数据开放共享、数据授权运营、数据交易流通、数据跨境流动等内容。良好的数据要素市场体现在市场环境安全可信、包容创新、公平开放，同时也是数据要素市场的基本功能。例如，鼓励公共数据、企业数据和个人数据分类分级进入要素交易市场，提高公共数据管理机构、数据要素型企业和个人参与数据流通应用的积极性（戎珂等，2022）。从制度建设来看，当前尚未形成数据要素交易制度的相关规则体系，需建立数据要素的准入、标识、质量、处理、安全等方面的规范标准（马费成等，2022）。

市场应用是释放数据要素市场经济价值的必经环节。技术应用方面，隐私计算技术从"产学研"向行业案例落地，并与区块链等技术进一步融合，在数据确权、计量、监管等方面实现了场景化应用。流通实践层面，数据资源基础较好的领域及行业基于先期优势，不断探索流通模式和技术手段创新。例如，以平台数据采集汇聚为特色的互联网数据流通利用，以行业数据流通交易平台为载体的强实时、高精度、高质量数据产品定制化服务，以工业互联网场景为牵引开展的协同研发及供应链管控等，逐步形成政务、工业、互联网、医疗、金融、科学等多个细分领域数据要素市场。

市场监管是维护数据要素市场运行秩序的必要之策。市场监管主要对数据要素市场登记备案、流通安全与秩序和信用体系等方面进行监督管理，主要包括与数据要素市场相关的政策文件、法律法规、制度规则和标准规范等，为数据要素市场发展提供监管依据，涉及主体一般是政府机构和行业协会。例如，数据市场交易登记备案监管对数据资产和流转情况、登记情况进行监督，并对数据资产凭证的生成、存储、归集和应用全流程进行管理，促进数据交易服务行业协会和企业自律，督促交易参与主体履行责任与义务，有助于解决数据要素确权定价问题，畅通数据要素流通（王伟玲，2021）。

基础设施是推动数据要素市场发展的重要支柱。数据基础设施是从数据要素价值释放的角度出发，在网络、算力等设施的支持下，面向社会提供一体化数据汇聚、处理、流通、应用、运营、安全保障服务的一类新型基础设施，是覆盖硬件、软件、开源协议、标准规范、机制设计等在内的有机整体。其中，以数据空间、区块链、高速数据网为代表的数据流通设施将打通数据共享流通堵点。2023 年 11 月，国家数据局局长刘烈宏首次就数据基础设施做出重要论述，推动数据基础设施建设成为国家数据局的重点工作之一。

第四节　数据要素市场发展现状

一、国内外数据要素市场建设历程

1. 国外数据要素市场建设历程

目前，海外的数据要素市场主要来自欧美地区的发达国家。根据《中国数据交易市场研究分析报告（2023 年）》最新数据统计，2022 年全球数据交易规模约为 906 亿美元（见图 3-4）。其中，美国数据交易市场规模约为 417 亿美元，欧洲数据交易市场规模约为 192 亿美元[①]。但从数据要素市场化体系建设的实践进展来看，世界各国仍处于不断摸索与建设完善阶段，海外市场的运营模式主要以数据经纪商和数据中介撮合交易等场外模式运作，目前尚未形成一套体系成熟、机制健全、多方适用的市场化方案。此外，不同国家的政治法律基础、市场化水平、数字经济相关产业基础不尽相同，各国在数据要素市场建设过程中的战略重点选择和比较优势发挥方面存在差异（陈蕾李等，2023）。

---

① 上海数据交易所. 中国数据交易市场研究分析报告（2023 年）[R]. 2023.

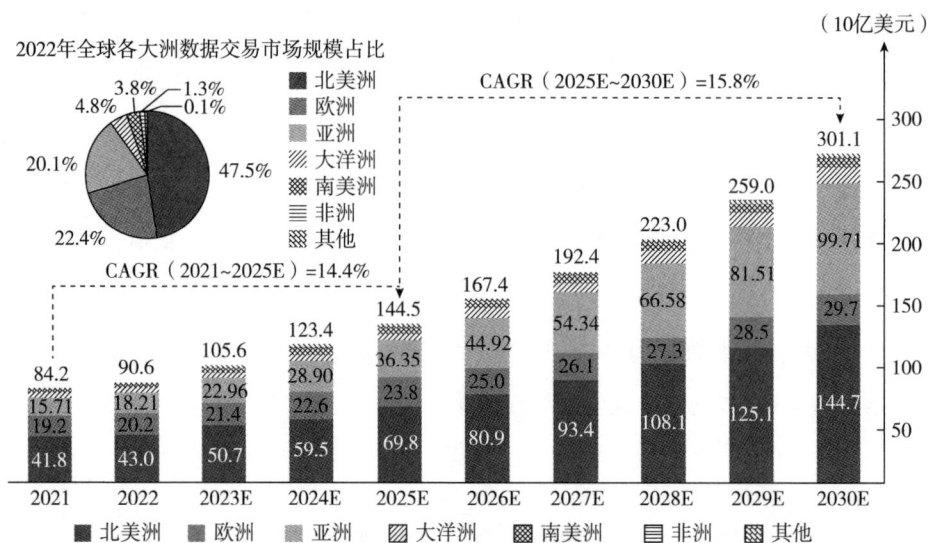

图3-4 全球数据交易行业市场规模，2021~2030年预测（以交易额计）

资料来源：上海数据交易所：《中国数据交易市场研究分析报告（2023年）》。

近年来，随着全球各国鼓励和推动数据要素市场建设，国外涌现出一批有一定影响力的数据交易市场。总体来看，国外现有数据交易平台以 API 接口、数据包、人工智能工具、数据定制等产品为主（王璟璇、窦悦、黄倩倩和童楠楠，2021），交易的数据覆盖脱敏数据、模型化数据和智能化数据。部分平台还提供数据加工、数据应用、解决方案、数据质量评价、行业报告等产品和服务（欧阳日辉，2022）。

国外数据交易平台自 2008 年前后开始起步，发展至今，既有美国的 BDEX、Ifochimps、Mashape、RapidAPI 等综合性数据交易中心，也有很多专注细分领域的数据交易商，如位置数据领域的 Factual，经济金融领域的 Quandl、Qlik Data market，工业数据领域的 GE Predix，德国弗劳恩霍夫协会工业数据空间 IDS 项目，个人数据领域的 DataCoup、Personal 等（王璟璇、窦悦、黄倩倩和童楠楠，2021）。除专业数据交易平台外，近年来，国外很多 IT 头部企业依托自身庞大的云服务和数据资源体系，也在构建各自的数据交易平台，以此作为打造数据要素流通生态的核心抓手。较为知名的如亚马逊 AWS Data Exchange、谷歌云、微软

Azure Marketplace、LinkedIn Fliptop 平台、Twitter Gnip 平台、富士通 Data Plaza、Oracle Data Cloud 等（王璟璇、窦悦、黄倩倩和童楠楠，2021）。目前，国外数据交易机构采取完全市场化模式，数据交易产品主要集中在消费者行为趋势、位置动态、商业财务信息、人口健康信息、医保理赔记录等领域。

2. 国内数据要素市场建设历程

2014 年，"大数据"首次被写入中国政府的工作报告，标志着数据要素已上升至国家层面。2015~2021 年，中国数字经济的复合年增长率达到了 16.1%，数据经济在国内生产总值（GDP）中的占比不断上升。这一时期，数据不仅成为促进消费和提高生产效率的重要力量，还开始在智慧城市、智能制造等领域发挥作用，推动了产业升级和经济结构的优化。

2020 年，国务院将数据与土地、资本、技术、劳动力并列为五大生产要素，这一决定标志着数据要素在中国经济中的地位被正式确立。此后，政府相继出台了一系列政策，支持数据交易市场的发展，鼓励数据开放和共享，促进数据资源的有效利用。

"十四五"期间，中国数据要素市场进入了一个新的发展阶段。数据交易市场逐渐成熟，数据交易所、数据服务公司和数据安全企业相继成立，形成了一条完整的数据产业链。数据交易量和交易价值均实现了显著增长，数据已成为推动社会经济发展的核心动力之一（王俊和杨晓飞，2020）。

随着数据量爆发及数据要素市场化建设不断完善，数据要素市场价值加速释放，市场规模、主体规模高速壮大。从市场规模来看，2022 年，中国要素市场规模超 1000 亿元、同比增速 27%，2017~2022 年年均复合增长率超 25%，预计 2025 年中国数据要素市场规模将突破 2000 亿元。从主体规模来看，根据《全国数商产业发展报告（2023）》最新数据显示，2013~2023 年，中国数商企业数量从约 11 万家增长至约 200 万家，复合年均增长率超过 30%。过去十年间，新增数商企业的注册资本呈下降趋势。2013 年新增数商企业平均注册资本约为3590 万元，2023 年新增数商企业平均注册资本约为 690 万元，注册资本在 10万~100 万的新增数商企业数量占当年新增数商企业总数的比例从 2013 年的约

30%增长到2023年的约45%，注册资本在100万~1000万元的新增数商企业数量占当年新增数商企业总数的比例从2013年的约40%下降到2023年的约30%，反映了众多中小企业积极参与布局数商产业，成为推动数商产业蓬勃发展的重要力量。

数据要素市场建设是一项系统性、长期性、创新性工程，各地区积极探索和推进数据要素市场发展，各区域数据要素市场化配置改革成效初显，有效支撑全国数据要素统一大市场建设，从整体上呈现出制度体系逐步完善、体制建设创新建设、交易模式推陈出新等特征。

制度体系逐步完善。国家层面，数据要素体系根基逐渐稳固。2019年，党的十九届四中全会首次将数据列为生产要素，表明国家大力发展数字经济的决心，并标志着数据从资源向要素的转变。此后，我国宏观政策按照两条主线推进数据要素发展。一方面，在宏观顶层政策中，持续强调要加快数据要素发展，特别是2022年《数据二十条》的出台，明确了数据要素市场制度建设的基本框架、前进方向和工作重点，初步形成我国数据基础制度的"四梁八柱"。2023年10月，国家数据局的成立，为推进数据要素市场建设，推动信息资源跨行业、跨部门互联互通，充分发挥数据资源的基础性作用方面发挥重要作用。《"数据要素×"三年行动计划（2024—2026年）》的发布，对提高各类要素协同效率，突破产出边界、创造新产业新业态提供有力支撑，实现推动经济发展的乘数效应。另一方面，持续推出以数据要素市场培育为主的政策体系，加快探索建立数据要素流通规则，推进数据市场建设（见表3-1）。地方层面，多个省份贯彻落实国家数据要素顶层设计，密集发布数据要素相关政策，对数据要素市场发展进行明确规定，为数据要素基础设施建设、数据要素安全流通以及数据要素生态培育奠定法治基础（见表3-2）。

表3-1 国家层面数据要素相关文件

时间	发布部门	政策名称	主要内容
2019年10月	中共中央委员会	《关于坚持和完善中国特色社会主义制度　推进国家治理体系和治理能力现代化若干重大问题的决定》	首次将数据明确纳入生产要素

续表

时间	发布部门	政策名称	主要内容
2020 年 4 月	中共中央、国务院	《关于构建更加完善的要素市场化配置体制机制的意见》	数据正式被列为第五大生产要素，要求"加快培育数据要素市场"
2020 年 5 月	中共中央、国务院	《关于新时代加快完善社会主义市场经济体制的意见》	提出建立数据资源清单管理机制，完善数据权属界定、开放共享、交易流通等标准和措施，发挥社会数据资源价值。建立健全统一开放的要素市场、推进要素价格市场化改革、创新要素市场化配置方式
2021 年 3 月	十三届全国人大四次会议	《"十四五"规划和2035年远景目标纲要》	明确提出培育规范的数据交易平台和市场主体，发展数据资产评估、登记结算、交易撮合、争议仲裁等市场运营体系
2021 年 6 月	第十三届全国人民代表大会常务委员会	《中华人民共和国数据安全法》	规范数据处理活动，保障数据安全，促进数据开发利用，保护个人、组织的合法权益，维护国家主权、安全和发展利益
2021 年 11 月	工业和信息化部	《"十四五"大数据产业发展规划》	要求加快培育数据要素市场，构建稳定高效产业链，打造繁荣有序产业生态，筑牢数据安全保障防线
2021 年 12 月	中央网络安全和信息化委员会	《"十四五"国家信息化规划》	着力发挥数据要素价值，部署了建立高效利用的数据要素资源体系任务，提升数据要素赋能作用，推动构建新发展格局
2021 年 12 月	国务院	《要素市场化配置综合改革试点总体方案》	加快技术、数据、资源环境市场培育和规则建设，健全要素市场治理和促进要素协同配置
2021 年 12 月	国务院	《"十四五"数字经济发展规划》	规范数据交易管理，提升数据交易效率，建立健全数据资产评估、登记结算、交易撮合、争议仲裁等市场运营体系
2022 年 4 月	中共中央、国务院	《关于加快建设全国统一大市场的意见》	加快培育数据要素市场，建立健全数据安全、权利保护、跨境传输管理、交易流通、开放共享、安全认证等基础制度和标准规范
2022 年 10 月	国务院	《全国一体化政务大数据体系建设指南》	提出要加强数据汇聚融合、共享利用，促进数据高效流通使用，充分释放政务数据资源价值，强化数据安全保障，促进数据依法有序流动

续表

时间	发布部门	政策名称	主要内容
2022 年 12 月	中共中央、国务院	《关于构建数据基础制度更好发挥数据要素作用的意见》	以数据产权制度、流通交易制度、收益分配制度、治理制度为核心，明确了数据要素市场制度建设的基本框架、前进方向和工作重点，初步形成我国数据基础制度的"四梁八柱"
2023 年 2 月	中共中央、国务院	《数字中国建设整体布局规划》	明确了有关数据要素的全方位管理体系和管理制度，结合《数据二十条》，奠定了未来数据产业发展的基础
2023 年 3 月	国务院	《国务院机构改革方案》	组建国家数据局，负责协调推进数据基础制度建设，统筹数据资源整合共享和开发利用，统筹推进数字中国、数字经济、数字社会规划和建设等
2023 年 8 月	财政部	《企业数据资源相关会计处理暂行规定》	进一步推动和规范数据相关企业执行现行会计准则
2023 年 9 月	国家互联网信息办公室	《规范和促进数据跨境流动规定（征求意见稿）》	明确数据跨境定义与界定，对于何时、在哪些情境下需要进行数据出境安全评估，以及何时可以豁免等，都提供了更加明确的指引
2024 年 1 月	国家数据局等十七部门	《"数据要素×"三年行动计划（2024—2026 年）》	通过推动数据在多场应用，提高资源配置效率，创造新产业新模式，培育发展新动能，实现对经济发展倍增效应，从而推动数字经济发展进入激活数据要素价值的新阶段
2024 年 1 月	国家发展改革委、国家数据局	《数字经济促进共同富裕实施方案》	通过数字化手段促进解决发展不平衡不充分问题，不断缩小区域、城乡、群体、基本公共服务等方面差距，推进全体人民共享数字时代发展红利，助力在高质量发展中实现共同富裕
2024 年 1 月	财政部	《关于加强数据资产管理的指导意见》	提出以促进全体人民共享数字经济红利、充分释放数据资产价值为目标，以推动数据资产合规高效流通使用为主线，有序推进数据资产化，加强数据资产全过程管理，更好发挥数据资产价值

续表

时间	发布部门	政策名称	主要内容
2024 年 2 月	财政部	《关于加强行政事业单位数据资产管理的通知》	明确加强行政事业单位对数据资产的管理，明晰管理责任、健全管理制度，规范管理行为，并强调严格防控风险，确保数据安全
2024 年 4 月	国家数据局	《数字社会 2024 年工作要点》	围绕促进数字公共服务普惠化、推进数字社会治理精准化、深化智慧城市建设、推动数字城乡融合发展、着力构筑美好数字生活等五个方面部署重点任务
2024 年 5 月	国家数据局	《数字中国建设 2024 年工作要点清单》	围绕高质量构建数字化发展基础、数字赋能引领经济社会高质量发展、强化数字中国关键能力支撑作用、营造数字化发展良好氛围环境等四个方面部署重点任务

资料来源：笔者根据公共资料整理。

表 3-2 地方层面相关政策（部分）

地区	政策名称	发布机构
江苏	江苏省公共数据管理办法	江苏省人民政府
	江苏省数字经济促进条例	江苏省人大常委会
	中共江苏省委 江苏省人民政府关于推进数据基础制度建设更好发挥数据要素作用的实施意见	江苏省委、省人民政府
	江苏省数据条例（草案）	江苏省数据局
北京	关于推进北京市金融公共数据专区建设的意见	北京市大数据工作推进小组办公室
	北京市数字经济促进条例	北京市人大常委会
	关于更好发挥数据要素作用进一步加快发展数字经济的实施意见	北京市人民政府
	北京市公共数据专区授权运营管理办法（征求意见稿）	北京市经济和信息化局
上海	上海市公共数据开放暂行办法	上海市人民政府
	上海市公共数据开放分级分类指南（试行）	上海市经济信息化委员会
	上海市数据条例	上海市人大常委会
	上海市促进浦东新区数据流通交易若干规定（草案）	上海市人大常委会
	立足数字经济新赛道推动数据要素产业创新发展行动方案（2023—2025 年）	上海市人民政府

续表

地区	政策名称	发布机构
广东	广东省数据要素市场化配置改革行动方案	广东省人民政府
	广东省数字经济促进条例	广东省人大常委会
	广东省公共数据管理办法	广东省人民政府
浙江	浙江省公共数据开放与安全管理暂行办法	浙江省人民政府
	浙江省数字经济促进条例	浙江省人大常委会
	浙江省公共数据条例	浙江省人民代表大会
	浙江省公共数据授权运营管理办法	浙江省人民政府办公厅
贵州	贵州省政府数据共享开放条例	贵州省人大常委会
	贵州省数据流通交易管理办法（试行）	贵州省大数据发展管理局
	贵州省数据要素市场化配置改革实施方案	贵州省大数据发展管理局
	贵州省数据流通交易促进条例（草案）	贵州省大数据发展管理局

资料来源：笔者根据公开资料整理。

体制机制创新建设。国家层面，组建国家数据局，统筹数据管理体制机制建设。地方层面，多个省市大力组建数据集团，构建形成"一区域一中心一集团"的数据要素监管运营全新格局（见表3-3）。一方面，多地陆续成立数据集团，多为政府主导，数据集团以数据为核心业务，实现公共数据、行业数据和社会数据的交汇、供给、配置及市场化开发利用，统筹推进本地数据要素开发利用及数字经济发展壮大。另一方面，各地大数据交易所陆续挂牌运营，提供数据API、数据集、数据报告等多种形式的产品和服务，加速数据要素价值转化。

表3-3　各地大数据集团名单

序号	名称	成立时间	注册资本
	央企平台		
1	中电数据产业有限公司（中国电子数据产业集团）	2023年4月	30亿元
	省级平台		
2	陕西省大数据集团有限公司	2017年4月	8亿元
3	数字广西集团有限公司	2018年5月	20亿元
4	云上贵州大数据（集团）有限公司	2018年10月	17亿元

续表

序号	名称	成立时间	注册资本
5	安徽大数据产业发展有限公司	2020 年 4 月	5000 万元
6	青海数字经济发展集团有限公司	2020 年 7 月	1 亿元
7	云南省数字经济产业投资集团有限公司	2020 年 8 月	10 亿元
8	福建省大数据集团有限公司	2022 年 8 月	100 亿元
9	上海数据集团有限公司	2022 年 9 月	50 亿元
10	河南数据集团有限公司	2023 年 1 月	10 亿元
11	数字新疆产业投资（集团）有限公司	2023 年 4 月	15 亿元
12	湖北数据集团有限公司	2023 年 6 月	50 亿元
13	数字湖南有限公司	2023 年 6 月	5 亿元
市级平台			
14	南通市大数据开发集团有限公司	2017 年 11 月	1.5 亿元
15	南京大数据集团有限公司	2020 年 6 月	10 亿元
16	宿迁大数据产业发展有限公司	2021 年 1 月	5000 万元
17	盐城市大数据集团有限公司	2021 年 2 月	30 亿元
18	江苏开物科技发展有限公司（镇江市）	2021 年 6 月	1 亿元
19	苏州市大数据集团有限公司	2022 年 9 月	20 亿元
20	无锡大数据集团有限公司	2023 年 4 月	2.9 亿元
21	泰州市数据产业集团有限公司	2023 年 8 月	10 亿元
22	扬州大数据集团有限公司	2023 年 9 月	1 亿元
23	合肥市大数据资产运营有限公司	2017 年 11 月	4.5 亿元
24	贵州梵云大数据集团有限公司（铜仁市）	2019 年 10 月	10 亿元
25	贵阳市大数据产业有限公司	2022 年 1 月	10 亿元
26	安顺大数据发展集团有限公司	2022 年 8 月	5000 万元
27	温州市数据管理发展集团有限公司	2021 年 7 月	2 亿元
28	湖州市数字集团有限公司	2022 年 6 月	2 亿元
29	南湖数据发展集团有限公司	2023 年 4 月	5 亿元
30	烟台市大数据发展集团有限公司	2021 年 8 月	10 亿元
31	福州数据集团有限公司	2022 年 11 月	10 亿元
32	黑龙江省政通大数据集团（齐齐哈尔市）有限公司	2023 年 1 月	2 亿元
33	武汉数据集团有限公司	2023 年 4 月	20 亿元

序号	名称	成立时间	注册资本
34	拉萨数字经济产业（集团）有限公司	2023 年 5 月	1 亿元
35	成都数据集团股份有限公司	2023 年 7 月	40 亿元

资料来源：笔者根据公开资料整理。

交易模式推陈出新。目前，我国数据交易平台商业运营模式已经由单一的场内交易模式发展成为既支持场内交易也支持场外交付的混合登记备案模式，各地探索采用数据中介、数据经纪人等方式开展数据交易。北京构建了集数据运营商、服务商、经纪商于一体的"数字经济中介产业体系"；广东在全国首创数据经纪人，依托专业中介服务探索数据流通交易新模式；贵阳大数据交易所通过数交数据经纪（深圳）有限公司推动顺丰科技有限公司与圣辉征信有限公司交易合作，成为全国首个依托数据经纪模式达成数据交易的平台。

二、国内外数据要素市场建设典型案例

（一）国外实践案例

1. 美国：鼓励数据自由流动，发展数据经纪模式

美国将商业利益导向作为数据要素市场化的基本准则，反对产权制度，鼓励数据自由流动。在公共数据方面，美国坚持公共数据开放，不断加大政府数据开放力度。一方面，制定了完善的数据开放法律法规体系，先后发布《信息自由法》《开放政府法》《开放政府数据法》等相关法律，以及《开放政府指令》《政府信息公开和机器可读行政命令》《联邦数据战略与 2020 年行动计划》等相关法规，逐步规范和细化了政府数据开放的原则和基本框架。另一方面，建立了开放政府数据平台 Data.gov，加大政府数据开放规模，提高政府数据开放质量，为社会经济发展不断注入新的数字活力。在企业数据方面，政府通过与企业开展多层次合作，引导企业数据共享开放。一是政府通过开放自身丰富的数据资源，吸引企业进入公共数据商业性开发利用和成果市场化推广服务领域；二是政府通

过购买服务方式，将数据处理、技术应用等外包企业；三是政府通过授予企业特许经营权、制定激励政策等方式鼓励企业开放自身数据，从而形成政府与企业数据的双向开放，实现互利互惠、合作共赢。在个人数据方面，采用分散立法，分门别类强化个人信息保护。美国联邦层面没有统一的个人数据保护法案，而是分别在金融、健康、电信、教育以及未成年在线隐私等关键领域都有专门分领域数据保护立法。例如，金融领域的《金融现代化法》、健康领域的《健康保险流通和责任法》。但对于其他未经立法保护的领域，采用了"不禁止即可为"的方式。在流通交易方面，"数据经纪"已成为当前美国数据交易的主要方式，Acxiom、Corelogic、Datalogix、eBureau、ID Analytics、Streamr、BDEX、Factual 等已发展成为全美著名的数据经纪机构。数据经纪商通过收集、集聚、分析、加工各种用户数据，形成消费者画像、身份认证、特定个人信息等数据产品，出售给数据需求者用于精准营销、风险防控，以及掌握竞争对手情况等。数据经纪商的数据来源包括政府数据开放平台、从信用卡公司等其他机构购买、在互联网上爬取网页，以及其他离线数据资源等。在数据跨境流通方面，美国双管齐下，抢先布局全球数据传输机制。一方面，通过发布《存储通信法案》《澄清域外合法使用数据法》等法律来保障美国公司对其拥有、监管或控制数据的检查权力。另一方面，积极进行国际合作，与英国共同发布《大西洋宣言：21 世纪美英经济伙伴关系框架》，并宣布建立美英数据桥，与欧盟共同构建欧盟—美国数据隐私框架（隐私盾 2.0），与印度、巴西等国在数据跨境问题上进行谈判。

2. 欧盟：重视制度顶层设计，建立"共同数据空间"

欧盟高度重视数据制度顶层设计，通过制定并实施一系列法律、战略、指令和条例，现已形成较为完整的数据法律法规体系。一是进行数据要素统一市场建设顶层设计。制定《欧洲数字化统一市场战略》《欧洲数据战略》等战略规划，为建立数据要素统一市场、发挥市场规模效应以及为后续投资和相关产业政策制定等提供思路与指导。二是统一区域数据共享、应用标准。出台《数据治理法案》，整合成员国碎片化数据，破除数据要素多区域、跨主体流通壁垒。三是注重数据要素市场监管和反垄断。出台《数据法案》《数字市场法案》《数字服务法案》，明确数据要素各类市场主体的权责配置及社会责任，规范市场主体行为，为数据要素市场的公平竞争、创新发展以及中小企业成长提供良好环境。四是健全数据安全法律体系。出台《网络和信息系统安全指令》《通用数据保护条例》《欧盟非个人数据自由流动条例》，提出构建数据安全共建共治体系，依法保障数据主体的知情权、控制权和隐私权，并通过提高安全技术水平、更新网络安全标准规范和加强安全系统建设等强化数据安全综合保障能力。在政策持续出台的推力下，欧盟在公共数据和其他数据共享开放规模上也获得了显著的成效。此外，完整的制度体系确保了欧盟境内数据标准的一致性，其他地区国家在与欧盟进行数据流通的过程中不得不接受其标准和要求。欧盟凭借其巨大商业市场优势，通过构建高门槛高标准的数据跨境传输规则，提升了在全球数据流通中的话语权和影响力。欧盟不仅在数据法案中提出数据跨行业跨领域共享的战略目标，而且还打造了覆盖制造业、绿色节能、交通、健康、金融、能源、农业、公共管理、技能、开放科学云十个领域的"共同数据空间"，作为欧盟所有成员国开展数据共享和交换的平台，为欧盟单一数据市场形成提供了可落地操作的工具支持。后来，欧盟在"共同数据空间"的基础上又发起成立了"国际数据空间"，试图成为全球数据共享交换的基础平台。

3. 英国：强化个人信息保护，打造国家数据基础设施

在公共数据开放方面，英国与美国相似，都通过制定公共数据开放法律法规和建立公共数据开放平台鼓励数据共享开放。不仅如此，英国还成立"3+2"（政府数字服务局、公共部门透明委员会、开放数据研究所+数据发布基金、开放数据突破基金）专门机构和基金支持保障政府数据开放。在个人信息保护方面，英国与欧盟法律对接，严格保护个人数据权利，2018年英国议会通过新版《数据保护法》，对个人和组织数据保护的权利和责任做出明确规定。为实现个人数据的价值释放、调动数据要素市场中个人供给主体的积极性，英国探索形成"数据银行"模式，尝试创建一套能够将个人数据转化为数据要素的个人信息资源管理和数据处理方法框架、原则及模型，并将其开发为基于计算机技术实现操作化管理的系统，个人能够清晰、明确地选择将自己的某一类数据，在某种程度范围内

授权给接入数据银行系统的数据需求方免费或付费使用，并根据约定价格或标准化定价体系获取相应的服务或经济收益。这种模式能够在保护个人对其数据的所有权、知情权、隐私权和收益权的前提下，为个体和数据需求方搭建一个集管理、开发和利用于一体的综合数据要素运营平台，有利于激发个体的数据共享意识，释放并实现个人数据要素价值，进而调动数据要素市场供给主体的积极性。与欧盟"共同数据空间"类似，英国也打造了"数据基础设施"。英国通过这种新型的技术工具和平台，将技术和平台能力赋能给了各政府部门和社会公众企业，既解决了政府机构在数据开放过程中的技术难题，也为社会公众企业使用政府数据提供了支持帮助。在数据跨境流动方面，一方面制定《国际数据传输协议》等法律法规保障英国本土数据的出境畅通和安全，另一方面与欧盟、美国和亚太国家积极磋商谈判，通过合作协议和框架等安排保障与世界主要经济体之间数据正常流通。

　　无论是美国、欧盟还是英国，都高度重视公共数据开放工作，顶层设计上制定了完善的公共数据开放法律法规体系，在实践操作上，美国和英国都成立了公共数据开放平台，英国还成立了"3+2"专门机构和基金支持保障政府数据开放。这些都启示我国在发展数据要素市场过程中，需要一如既往地坚持公共数据开放，对于能够进行数据开放的，应当优先公开开放，确实无法公开开放或者开放成本过高的，才能适用授权运营。在企业数据共享开放上，美国与企业多层次合作的做法值得我们参考和借鉴。在个人数据共享开放上，欧盟和英国都秉持严格保护的态度，但英国对于"数据银行"模式的探索也为我国个人信息共享开放提供了一定的参考，美国虽未制定统一的个人数据保护制度，但对于关键领域的个人信息也采取了单独立法的措施进行保护。在数据流通交易上，美国的"数据经纪"、欧盟"共同数据空间"以及英国的"数据基础设施"，对我国数据交易市场建设也都具有一定的参考意义。在数据跨境流通交易上，美国和欧盟都在尝试向国际上推广各自的标准规则，英国也通过双方和多方协议的方式积极参与数据跨境流通。我国在数据跨境流通上也需主动出击，积极参与国际合作，同时，我国拥有庞大的数据基础，也要借鉴欧盟，主动输出"中国方案"。

（二）国内实践案例

与美国、欧盟、英国相比，国内更注重根据自身国情和发展需求，制定合适的数据要素市场发展策略。北京、上海等国内城市作为重点发展地区，主要聚焦于制度体系、公共数据、流通交易、生态培育以及数据跨境流动等方面的发展，且均进行了积极且深入的探索与实践。

1. 北京

在制度体系方面，北京聚焦数字经济，通过"立法+行动方案+管理办法+意见"的方式，构建起以《北京市数字经济促进条例》为引领的促进数字经济发展制度体系。在公共数据方面，北京持续加大公共数据开放力度，印发实施了《北京市公共数据管理办法》等文件，用以规范公共数据管理，促进公共数据共享开放；建设了市级大数据平台和公共数据开放平台，扩大公共数据开放规模；先后出台了《关于推进北京市金融公共数据专区建设的意见》《关于推进北京市数据专区建设的指导意见》《北京市公共数据专区授权运营管理办法（征求意见稿）》等文件，以"金融公共数据专区"形式试点授权运营，在此基础上扩大公共数据专区授权运营模式应用范围，加快推进医疗、交通、空间等领域的公共数据专区建设。采取公共数据按领域分散授权运营模式，将公共数据专区分为领域类、区域类及综合基础类三大类，并明确了行业主管部门、区政府和北京经信局分别为以上三类专区的监管主体，市人民政府可以开展公共数据专区授权运营。

在流通交易方面，北京探索建立一体化数据基础设施（包括市级大数据平台和公共数据开放平台、公共数据流通交易平台、数据流通"监管沙盒"、数据跨境服务平台），为数据流通交易提供支撑底座。同时，成立全国首家基于新型交易模式的数据交易所——北京国际大数据交易所（以下简称"北数所"），以提升能级，做大交易规模，全力建设国家级数据交易所为核心目标，建成国内领先的数据要素流通基础设施和国际重要的数据跨境流通枢纽。北数所主要提供数据信息登记服务、数据产品交易服务、数据运营管理服务、数据资产金融服务和数据资产金融科技服务。北数所交易标的包括数据服务、数据 API、数据包和数据报告等，截至 2023 年 11 月，数据交易规模超过 20 亿元，交易主体 500 家。在交易模式上，率先建立数据分级清单体系，对数据进行分类分级管理，为数据资源发放"入场证"，确定"发行价"。针对数据供需方、数据服务机构等参与主体资质，科学设定不同的准入标准。率先建成基于自主知识产权的 IDEX 数据交易平台，通过应用隐私计算、区块链智能合约、数据确权标识等创新技术实现数据资产登记、挂牌、交易、支付、结算等功能。在生态培育方面，北京大力发展多种业态数据产业。一是支持数字产业发展，提出建设"新技术基础设施"，重点支持数字产业基础研究和关键核心技术攻关。二是大力发展数据服务产业，建立了面向全球的首个"数字经济中介产业体系"，对数据托管、数据经纪等一系列创新型中介产业的培育。数据托管是对受托数据进行清洗脱敏和数据来源合法性核验，进而实现数据的合规存储、授权管理和市场应用，促进数据价值的深度挖掘和提升；数据经纪则侧重对接数据资源、撮合数据交易，促进数据可信有序流通和市场化利用，加速数据与经济活动融合，催生新产业新业态新模式。此外，北数所在揭牌当日也成立了全国首个国际数据交易联盟。在数据跨境流动方面，以"国家服务业扩大开放综合示范区"和"以科技创新、服务业开放、数字经济为主要特征的自由贸易试验区"建设为载体，从三个方面探索数据跨境流通模式。一是积极参与数据跨境流通国际规则制定和合作。二是在海淀区、朝阳区、北京大兴国际机场临空经济区分别建设北京数字贸易港、北京商务中心区跨国企业数据流通服务中心和数字贸易试验区。三是由北数所打造全国首个服务跨境场景的数据托管服务平台，探索从个案规则到合作规范的跨境数据流动路径。

2. 上海

在制度体系方面，上海聚焦数据要素基础制度，通过"立法+管理办法+规定+行动方案+指南"的方式，构建以《上海市数据条例》为引领的"1+3+N"法律法规制度体系。在公共数据方面，与北京类似，一方面出台了《上海市公共数据开放暂行办法》《上海市公共数据开放实施细则》等文件，建立了公共数据开放平台扩大公共数据开放规模，另一方面也采取了授权运营的方式对公共数据共享开放进行补充。不同的是，上海采取了公共数据集中统一授权运营模式，成立国资完全控股的上海数据集团有限公司，由市政府授权，将本市包含公共数据、国企数据、行业数据及其他社会数据在内的全部数据整体打包给该公司统一运营、统一开发利用、统一监管。在企业数据方面，强化数据赋能中小企业数字化转型，丰富数商的数据产品。加大公共部门、国有企业等对中小企业数据产品和服务采购力度。引导互联网平台企业、行业龙头企业与中小微企业双向公平授权。在流通交易方面，上海数据交易所（以下简称"上数所"）于 2021 年 11 月挂牌成立，由上海市经信委会同浦东新区等单位筹建，运营主体为上海数据交易所有限公司。上数所交易标的包括数据产品、登记、融资、清算、结算等一系列增值服务，截至 2023 年 11 月，上数所累计挂牌数据交易产品达到 1700 多个，2023 年上数所全年交易额将突破 10 亿元。上数所开展运营了数字资产、金融、航运交通、商贸物流、科技、制造业等一系列行业数据专区板块，同时还建立了国际板推动海外数据交易。同时，利用区块链技术面向全国布局建设"数据交易链+登记平台+交易平台+清算平台""一链三平台"等数据交易基础设施，实现多层次要素市场互联互通、场内场外交易互认互信，支撑数据要素价值转化和数据交易合规监管，形成数据可信、隐私保护、不可篡改、可溯源的交易存证，构建低成本、高效率、可信赖的数据流通环境。此外，上海正在建设人工智能、电子信息、生物医药、汽车等重点产业数据枢纽，打造金融、商务、航运、科技、交通、能源等重点行业领域可信数据空间。在生态培育方面，上海牵头发起全国数据交易联盟，创建数据要素市场国家工程研究中心，构建数据要素市场发展指数。在全国率先成立了"上海市数商协会"，推动数商集群集聚发展，并将资源类数商、技术型数商和第三方服务类数商作为培育发展重点。上海还建立了数商评估评价指标体系，每年公布优秀数商名单。在资金支撑上，上海支持数据关键技术、核心产品、优秀数商、数据贯标企业、标杆场景等各类主体通过上海数据交易所采购数据产品，符合条件的可按照规定享受研发费用税收加计扣除政策，并制定数据交易服务费"免申即享"补贴机制，探索数据产品和服务首购首用奖励。上数所发布了"数据要素市场繁荣计划"，面向全国范围内的数据要素市场相关企业，设立 1 亿元的专项激励资金，从支持数据产品登记、鼓励数据产品交易、培育优质数商企业三个维度制定激励方案。在数据跨境流动方面，上海探索建立数据跨境流动规则。在浦东新临港建立国际数据港先导区，建设上海数字贸易国际枢纽港临港示范区和虹桥国际开放枢纽全球数字贸易港。

3. 广东

在制度体系方面，广东省市两级制度体系配套衔接。在省级层面，广东省出台了《广东省数据要素市场化配置改革行动方案》《广东省数字经济促进条例》《广东省公共数据管理办法》等法律法规，为广东全省数据要素市场化配置和数字经济发展提出了指导性框架。在市级层面，广州在省级文件的指引下，配套出台了《广州市数据要素市场化配置改革行动方案》《广州市公共数据开放管理办法》《广州市数据条例（征求意见稿）》等文件，为广州数据要素市场化配置改革和数字经济发展具体落地提供了方法和路径。深圳由于其市场化改革先行区的属性，从国家到地方制定了一系列配套完善的制度体系，包括《深圳建设中国特色社会主义先行示范区综合改革试点实施方案（2020—2025年）》《关于深圳建设中国特色社会主义先行示范区放宽市场准入若干特别措施的意见》《深圳经济特区数据条例》《深圳经济特区数字经济产业促进条例》《深圳市数据产权登记管理暂行办法》等，深圳也是全国唯一既有数据基本条例又有数据发展促进条例的城市。在公共数据方面，广东大力推动公共数据开放，在此基础上探索公共数据授权运营。广东省以政府公共数据运营和数字政府建设平台为载体，创新性地建设成立了央企控股的数字广东公司，并由省政府加挂"广东省数字政府建设运营中心"牌子，负责建设和运营广东省统一数据资源平台。数字广东公司负责建设统一省公共数据资源平台，并在此基础上建设统一公共资源共享平台、开放平台和运营平台，最大程度地实现公共数据资源的开发利用。在流通交易方面，在广州和深圳建设了两个定位不同、层级分明的数据交易所。广州数据交易所定位于省级数据交易所，按照"省市共建、广佛协同"的思路在广州南沙区成立，已在佛山、湛江、惠州、拉萨设立服务基地，初步建立形成"一所多基地多平台"格局，并主要围绕数据开放、共享、交换、交易、应用、安全、监管等各环节，为市场主体提供合规安全、集约高效的数据流通交易综合性服务，包含数据资产登记、交易清结算、信息披露、数据保险、数据托管、人才培训等内容，交易标的包括数据产品、数据能力、数据服务和数据资产等。深圳数据交易所定位于国家级数据交易所，由深圳地方投资平台与中央企业合资成立，主要从合规保障、流通支撑、供需衔接、生态发展四方面，打造覆盖数据交易全链条的服务能力，构建数据要素跨域、跨境流通的全国性交易平台，交易标的包括数据产品、数据服务、数据工具及其他。2022年，广州数据交易所、深圳数据交易所两家数据交易所当年累计交易额超过17亿元，2023年，广东数据交易额突破50亿元。在生态培育方面，广东首创"数据经纪人"制度，广州探索"泛交易"新模式，深圳推出"数据开发者培养计划"和"数据要素生态圈计划"，鼓励更多交易主体入场，不断发展数据交易供需生态、数商生态和第三方服务生态。此外，还从数据服务企业、数据产业集群、数据核心技术、数据产品和服务、数据创新生态等方面发展壮大数据产业。在数据跨境流动方面，广东分别在广州、深圳和珠海打造数据跨境流动试验区，将广州南沙粤港澳数据服务试验区发展成综合性示范区建设，将深圳前海深港现代服务业合作区打造成"数据海关"示范区、将珠海横琴粤澳深度合作区打造成金融数据跨境流通试验区。

4. 浙江

在制度体系方面，浙江重点聚焦公共数据基础制度体系建设。通过"立法+管理办法+工作要点+指南"的方式，形成了数据要素市场化配置顶层设计，构建起了以《浙江省公共数据条例》为引领，《浙江省公共数据开放与安全管理暂行办法》《浙江省公共数据授权运营管理办法》《数据资产确认工作指南》等一系列政策法规为落地举措的"1+N"系统性制度体系。在公共数据方面，浙江也是一方面重点推动公共数据开放，另一方面实施公共数据授权运营工作。浙江在公共数据授权运营上采取的是"分散授权，开放运营"模式，省域内的公共数据由省、市、县三级公共数据主管部门归口负责授权，而不是由省级或市级公共数据主管部门统一授权。在流通交易方面，浙江成立省市两级数据交易场所。省级层面于2016年5月18日成立浙江大数据交易中心，形成了"1个平台+N个专区"的建设模式。"1个平台"是指浙江省数据交易服务平台，分为资产登记和交易服务两个系统；"N个专区"分别指区域专区、行业特色专区及综合专区，交易平台已经建设"数据国际交易专区""产业数据流通交易专区"2 个行业特色专区，以及宁波、温州、湖州、余杭、义乌、新昌 6 个区域专区，并构建了以"数据产品+数据服务"为核心的交易标的体系。截至 2022 年 12 月底，浙江大数据交易中心会员达 380 名，数据产品总数达 362 个。市级层面于 2023 年 8 月 23 日组建杭州数据交易所（以下简称"杭数所"），以建设国家级数据交易所为目标，聚焦数据要素流通，积极探索数据交易所的业务模式创新。在生态培育方面，浙江大数据交易中心携手上海、福建、北京、江苏、贵州等省份近 20 家数据交易机构及战略合作伙伴共同组建全国数据交易联盟。杭数所也牵头组建了杭州国际数字交易联盟。同时，成立了"中国数谷"数据产业发展联盟，发布了《"中国数谷"数商企业认定标准及引育政策方向》，基于数商的不同发展阶段，将数商分为基石数商、星火数商、星海数商三大类。"中国数谷"建设领导小组联合北航杭州创新研究院、网新集团和浙大智能教育研究中心开展数据要素普惠通识教育，加快培养数据要素领域专业人才。在数据跨境流动方面，浙江探索建立"浙江省数字贸易先行示范区"，推动数字贸易国际化发展，形成与国际接轨的高水平数字贸易开放体系。

5. 贵州

在制度体系方面，贵州省将重点放在保障数据安全与数据流通两方面，并出台《贵州省数据流通交易管理办法（试行）》《贵州省大数据安全保障条例》《贵州省政府数据共享开放条例》等一系列数据要素基础制度文件。在公共数据方面，在公共数据开放上，成立贵州省政府数据开放平台，着力完善公共数据分类分级、共享开放清单等制度；在公共数据授权运营上，制定公共数据资源开发利用编制规范，开展公共数据资源授权运营，探索授权国有全资企业按程序对非涉密政务数据资源进行开发利用，由主管部门对数据产品、数据模型等进行安全审查，确认模型安全可信，原始数据不可回溯，对数据开发环境和开发过程有效管控，保障政务数据在开发利用全过程中的安全和可追溯。在流通交易方面，2015 年 4 月，贵阳大数据交易所挂牌运营，在全国率先探索流通交易数据价值和交易模式，交易标的包括数据资源、数据服务、数据产品、算力资源、算法工具等。

截至 2023 年 11 月，贵阳大数据交易所累计交易总额 20.63 亿元，产品总数 1301 件，培育数商 717 家。为抢抓国家推动数据价值化新机遇，贵州又组建了贵州省数据流通交易服务中心，完成贵阳大数据交易所有限责任公司的投资重整，形成"一中心+一公司"的贵阳大数据交易所新体系架构，中心履行数据流通交易、合规监管服务相关职责，公司承担数据流通交易平台日常运营、市场推广和业务拓展等工作。在生态培育方面，贵阳大数据交易所将重点在政务、金融、电力、交通、气象、能源、医疗等领域，培育一批"专精特新"数据商和第三方专业服务机构。现阶段，贵阳大数据交易所通过举办数商生态沙龙活动、参与各项标准制定、与数据中介生态合作伙伴共办培训等方式扩大"朋友圈"。在数据跨境流动方面，贵州积极参与建设数字丝绸之路国际数据港，重点面向"一带一路"国家提供数据服务。

三、我国数据要素市场发展面临的问题和挑战

1. 产权界定仍不清晰，数据要素供给成本高

产权清晰是市场交易的前提。当前传统生产要素的产权界定相关理论及实践较为丰富，但是数据要素作为新兴生产要素，其权属界定仍然存在制度安排和界定规则不清晰的现实问题，使数据要素产权认定及不同主体之间的权益分配存在实质性困难。例如，数据资源可能涉及多个主体，原始数据拥有者与数据控制者之间的权属及利益分配问题通常难以解决。清晰、可操作的数据要素产权制度的缺乏，可能导致为明确产权所增加的交易成本甚至会超过交易数据本身，以致市场交易方可能因为顾虑产权纠纷而无法形成有效的供需关系。长此以往，即使存在畅通的交易渠道和合适的交易场所，大量的潜在数据供给主体也可能不愿意进场交易，而是选择通过黑中介或"桌下"方式完成交易。这种缺乏法律和监管保障的交易方式，又可能加剧数据滥用和交易诈骗等问题，进而影响数据要素供给主体的市场化流通意愿。

2. 交易机制仍不健全，阻碍数据要素自由流通

从资本要素与行业发展规律来看，各类生产要素产品由计划分配转为市场化竞争、从非规范性流通转向规范性流通，是市场经济及数据要素市场建设的必然

趋势。然而，当前数据要素在市场流通过程中仍然面临两方面的难题：一是当前数据要素入场交易仍存多重壁垒。虽然国内已经搭建众多数据交易平台，但由于交易细则不够明确、运营机制不尽合理、交易激励不足，大多数交易平台的年实际交易量较低，致使通过公开竞价手段形成市场公允价格的定价机制难以充分发挥信息披露、供需调节等功能（鞠雪楠和欧阳日辉，2023）。此外，部分互联网公司出于自身数据生态体系的保护或垄断目的，限制体系外机构参与本企业数据资源的流通和交易，进一步加剧了数据要素市场的碎片化。二是多样性交易模式及多主体参与激励机制尚不健全。数据要素市场建设需要在市场行为过程中不断创新市场化制度和交易模式，逐步形成对整个市场各方主体资源配置效率公约数最大化的市场机制。而当前我国要素市场交易主体及模式较为单一，数据要素的需求方和供给方仍然以企业为主，个体参与数据要素市场的渠道较少。同时，我国各类数据交易平台尽管具备一定的交易撮合功能，但专业化数据交易服务机构仍然较少，数据要素市场的资源挖掘能力和供需关系匹配能力仍然较弱。

3. 数据安全监管及隐私保护能力有待进一步提高

数据安全是数据要素市场得以长久稳定发展的必要条件。一般而言，不涉及国家安全、商业机密和个人信息安全的合法、脱敏、非隐私数据，可以作为数据要素参与市场交易。但是，随着社会数字化转型的推进和信息化能力的提升，数据信息开放共享和数据要素资源收集的范围不断扩大，信息复杂性程度和数据安全风险也同步增大。在数据要素权利主体多样、复杂的情况下，未来的数据安全必然面临侵权主体多样化、侵权手段和关系复杂多变、技术追踪难等问题。加之，数据泄露、贩卖、非法交易存有巨大的利润空间，数据安全问题在破坏市场环境的同时还可能威胁到国家安全。着眼当前，我国虽然已经出台相关法律，为数据安全和个人信息保护提供了基础性法律保障，但相关法规及细分领域的安全保障制度仍有待进一步完善，如不同行业的数据安全标准及安全事件处理原则、数据安全分级分类监管细则等存在缺失。此外，数据要素与信息化技术发展关系密切，如何通过数字技术水平提升和数据安全标准化程序设计来提高数据安全问题的识别、追踪及治理能力，也是当前数据要素市场安全保障中的重要问题。

第五节　数据要素市场体系构建和推进路径设计

本书立足当前数据要素市场发展现状，借鉴国内外已有经验，构建了数据要素市场体系（见图3-5），并从找定位、建机制、筑基础、扩生态四个层面提出具体推进路径。

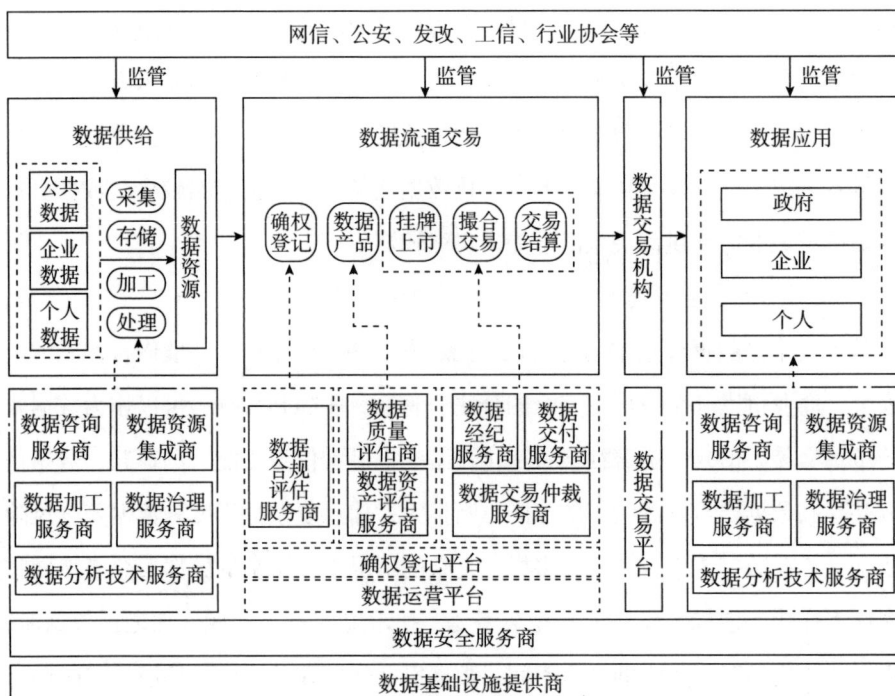

图3-5　中国数据要素市场体系架构

一是找定位。现阶段，大量水平不一的数据交易所的成立不利于统一大市场的建设。为此，《数据二十条》提出加强数据交易所体系顶层设计，科学规划布局，严控数量以保证建设质量，并提出构建国家级、区域性和行业性的场内、场外相结合的多层次数据交易体系（见图 3-6）。数据交易中心（平台）在筹建过程中，要找准自身定位，明确建设机遇与挑战，走差异化、互补型道路。对于国家级数据交易场所建设，要着眼于全国统一大市场建设，突出国家级数据交易场所合规监管和基础服务功能，强化其公共属性和公益定位；对于区域性数据交易场所建设，在京津冀、长三角、粤港澳和成渝经济圈等重点城市群建设区域性数据交易场所，推动数据要素跨区域的流通与分配；对于行业性数据交易平台建设，以行业数据空间建设为抓手，在金融、卫生健康、电力、物流等重点行业领域先试先行；对于场外交易机构建设，作为场内市场交易体系的补充，需重视对场外交易机构的监管。

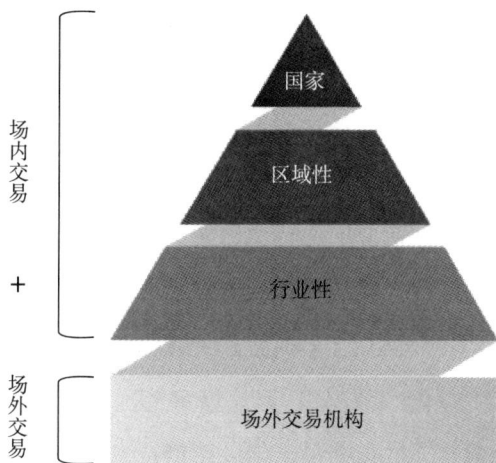

图 3-6　场内+场外相结合数据要素市场体系

二是建机制。数据要素市场建设是一项系统性、长期性工程，必须从顶层设计高度加快健全数据要素市场发展的制度框架，为数据要素市场治理构建完善的规则体系。《数据二十条》提出，要建立数据流通准入标准规则，建立数据分类分级授权使用规范，支持探索多样化、符合数据要素特性的定价模式和价格形成机制，加强企业数据合规体系建设和监管，建立实施数据安全管理认证制度。为此，需要从数据流通交易全流程出发，围绕数据收集，数据处理、数据产品生产，数据产品登记、数据产品试用与交易，数据产品交付与服务等关键环节，建立一套符合数据交易特点的流通规则体系，确保数据流通交易既满足业务效率要求，又保障数据安全有序流通。具体而言，包括数据资源安全合规、产品定价、交易撮合、收益分配、交易仲裁、数据监管等机制。

三是筑基础。数据基础设施作为数据安全可信流通交易的主要载体和平台，对于数据交易市场高效、安全运作具有重要作用。为此，可以从以下四个方面建设统一数据基础设施。第一，建设技术基础设施。无论是数据的加工处理、流通交易还是安全监管都离不开数字技术的支撑，应在加快信息网络基础设施建设、支持建设新一代高速固定宽带和移动通信网络、卫星互联网、量子通信、感知物联网和车路协同等网络基础设施，算力、算法和开发平台等算力基础设施建设的基础上，推进人工智能、区块链、大数据、通用算法、底层技术、软硬件开源等新技术基础设施建设并对此开展重点投入和研发。第二，持续维护地方公共数据开放平台。完善开放平台建设、提高开放数据数量、提升开放数据容量，省级平台对接全国一体化政务数据资源库和目录体系，扩大公共数据开放规模，并在与市级平台对接过程中做好数据回流工作，市级平台鼓励和引导更多部门进行数据共享开放。此外，在公共数据平台上内嵌公共数据授权运营平台，并与数据交易平台实现对接。第三，建设"数据银行"。借鉴英国"数据银行"模式，为自然人创建数据账户，探索个人数据交易。借助新型技术基础设施，创建一套能够将个人数据转化为数据要素的个人信息资源管理和数据处理方法框架、原则及模型，并将其开发为基于计算机技术实现操作化管理的系统，实现个人数据的开发利用和交易。第四，建设数据跨境流动平台。针对跨境电商、跨境支付、供应链管理、服务外包等典型应用场景，探索建立数据跨境流通新规则，制定低风险跨境流动数据目录，促进数据跨境安全自由流动。

四是扩生态。培育数据要素流通和交易服务生态，需要多方市场主体的积极参与。要坚持生态培育原则，形成数据交易场所、数据商、第三方专业服务机构、行业协会、科研高校等多方参与、高效联动、信息共享的共荣共促的发展局面，活跃场内数据交易。第一，加大数据产业培育，夯实数据要素市场基础。重点支持数字产业基础研究和关键核心技术攻关，支持企业发展数字产业，培育多层次的企业梯队，推动数字产业向园区聚集，培育数字产业集群，促进平台企业开放生态系统，通过项目合作等方式推动政企数据交互共享。第二，加大数据服务方培育，丰富数据要素市场生态。根据各地产业特色进行布局，培育形成有竞争力的垂直领域数商体系。同时积极参与数据标准制定，增强垂直赛道话语权。借鉴上海市做法，对数据服务方实行财政补贴和税收减免政策，设立"数据交易繁荣基金"，对参与数据产品交易的市场主体实行激励，活跃场内数据交易。第三，加大数字人才培育，更好地服务于数据要素市场建设。推动政府各部门拓展思维，提升认识，加强数据评估、定价、分析、安全等相关专业理论的学习，提升政府工作人员的专业素养。推动产教深度融合，打造数据领域专业人才继续教育基地，培养兼具专业能力和数据素养的复合型人才。建立数据人才资格认证体系提升数据从业人员技能水平和专业素养，提高数据要素市场的人力资本水平。

第六节 数据要素市场与数据资产入表关系

数据资产入表是会计和财务管理领域的一个重大变革，数据资产入表的出现意味着企业开始将数据视为一种具有经济价值的数据资产，在其财务报表中进行正式记录和报告，对企业的内部管理和外部评价产生了深远影响。数据要素市场与数据资产入表两者虽属于不同范畴，但它们在数字经济的发展中相辅相成，共同推动着数据价值的充分挖掘与合理利用。数据资产价值评估中市场法的前提条件是拥有一个相对繁荣稳定的数据要素市场，良好的数据要素市场生态有助于数据资产入表实施。数据资产入表的实施增强了数据作为资产的观念，提升了数据在企业决策中的地位，进而促进了企业更积极地参与数据要素市场的交易活动，推动数据要素市场的繁荣。数据在市场中的交易和价值实现，又反过来验证了数据资产入表的合理性，为数据资产的估值提供了市场依据，形成了数据价值发现、确认和再生产的良性循环。

从数据要素市场到数据资产入表的转变，不仅促进了数据资源的优化配置和价值释放，还推动了企业数据治理结构的完善，增强了数据安全与合规意识。同时，这一过程也为数字经济的深入发展奠定了坚实基础，推动了数据驱动的商业模式创新和服务升级，加速了经济结构的转型升级。随着数据要素市场的不断完善和数据资产入表的普及，数据将成为连接市场效率与企业价值创造的核心桥梁，为数字经济时代的企业发展开辟新的增长点。

第四章

数据资产管理：策略与技术

第一节 数据资产管理概述

一、数据资产管理的定义

数据资产管理（Data Asset Management）是一组对数据资产进行规划、控制和供给的职能活动。这些活动包括对数据相关计划、政策、方案、项目、流程、方法和程序的开发、执行和监督，旨在控制、保护、交付和提高数据资产的价值。在进行数据资产管理时，必须充分融合政策、管理、业务、技术和服务等多方面的因素，以确保数据资产的保值增值。数据资产管理架构图如图4-1所示。

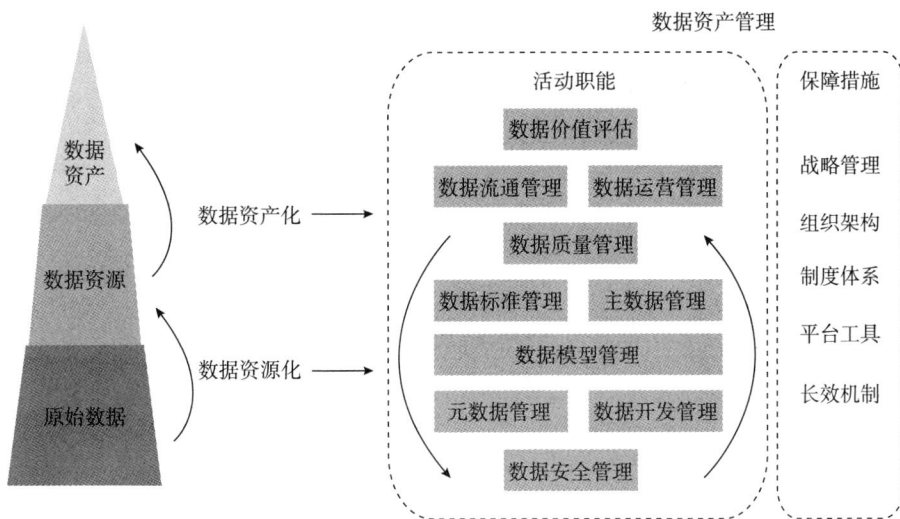

图4-1 数据资产管理架构图

二、数据资产管理的价值

数据资产管理的价值体现在推动企业数字化转型、促进数据要素市场的发展、提高数据安全和隐私保护的能力等多个方面。通过合理利用数据资产，企业可以实现更高效的业务流程、更准确的决策和更优质的服务，从而获得更大的商业价值和竞争优势（见图4-2）。

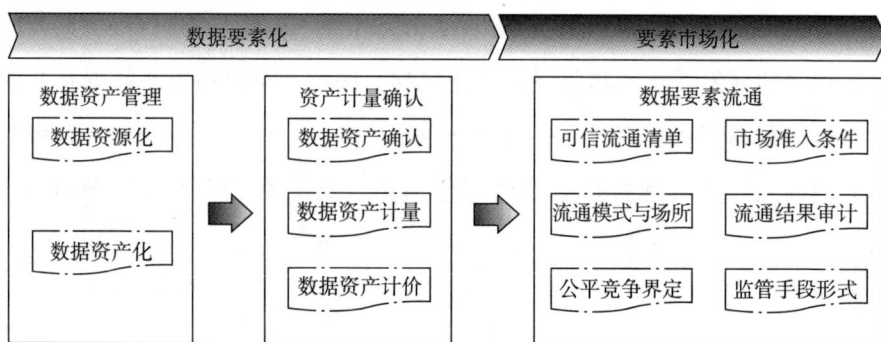

图4-2 数据资产管理推动构建数据要素市场

资料来源：中国信息通信研究院。

1. 数据资产管理是企业数字化转型的重要推动力

随着数字经济的快速发展，数据资产管理成为企业数字化转型的必要手段，可以帮助企业有效地利用数据资源，提升业务效率和竞争力。其必要性主要体现在以下三个方面：

一是帮助企业实现对数据的全面管理和优化利用。通过建立完善的数据采集、整理、存储和分析体系，企业能够更好地掌握自身拥有的数据资源，将其转化为有价值的信息和洞察。企业将能够更准确地预测市场趋势、了解客户需求、优化产品和服务，从而更好地满足市场需求，提高业务效率。

二是推动企业实现数据驱动的决策和运营模式。通过对数据的深度分析和挖掘，企业可以获取更全面、准确的信息，基于数据驱动的洞察做出更明智的决策。数据资产管理可以为企业提供各种数据分析工具和技术，使其能够更快速、准确地进行业务分析和预测，发现潜在的商机和风险。有助于企业更加精确地制定战略规划、优化资源配置，提高决策的科学性和准确性，降低经营风险。

三是有助于企业实现创新和差异化竞争。通过对数据的深入挖掘和分析，企业可以发现市场中的新机会、新趋势，并迅速响应和调整自身的产品、服务或业务模式。企业可以利用数据资产管理平台搭建创新协作平台，促进不同部门之间的合作和知识分享，从而加快创新的速度和质量，提升企业的竞争力。

2. 数据资产管理是数据要素价值释放的基石

随着数据要素市场的兴起，数据资产管理可以帮助企业更好地管理和运营数据资产，促进数据要素的流通和交易。

一是数据资产管理通过构建全面有效的管理体系，可以规范数据资产的采集、加工和使用过程。通过统一的数据采集标准和流程，可以提升数据质量，减少数据的错误和偏差，确保数据的准确性和可靠性。此外，通过对数据的加工和整理，可以提高数据的结构化程度，使其更易于存储和分析，并进一步确保数据资产的可信度和可用性，为数据要素市场的发展提供了坚实基础。

二是数据资产管理丰富了数据资产的应用场景，建立了数据资产生态系统。通过数据资产管理，企业可以将数据资产与业务需求相结合，探索和发现更多的数据应用场景，满足不同领域的需求。同时，数据资产管理还促进了数据资产的持续运营和更新，使数据资产能够不断适应市场和业务需求的变化，为数据要素的流通提供了更多的机会和可能性，推动了数据要素市场的发展。

三是良好的数据资产管理还为政府机构和企事业单位的资产计量确认提供了必要的数据条件和能力基础。通过对数据的管理和运营，可以确保数据的准确性、完整性和可追溯性，为资产计量确认提供了可靠的数据基础，有助于提高资产计量的科学性和准确性，促进资产交易的顺利进行，进一步推动数据要素的流通和要素市场化。

3. 数据资产管理可以提高数据安全和隐私保护的能力

随着数据泄露和数据安全问题的日益严重，数据资产管理可以帮助企业建立完善的数据安全管理体系，保障数据的安全和隐私。

首先，数据资产管理可以帮助企业建立完善的数据安全管理体系。通过制定和实施数据安全策略、规范和标准，企业可以确保数据的安全性，在数据采集、传输、存储和使用的各个环节都有相应的安全措施和保护机制。

其次，数据资产管理可以加强对数据隐私的保护。随着个人信息的大量采集和使用，数据隐私保护变得尤为重要。通过数据资产管理，企业可以对个人信息进行分类和标记，明确个人信息的使用范围和目的，并遵守相关的法律法规和隐私政策。同时，企业还可以采取措施保障个人信息的安全，如脱敏技术、数据匿名化和数据去标识化等，以减少个人信息被泄露或滥用的风险。这样的隐私保护措施有助于建立用户信任，提升企业的声誉和竞争力。

最后，数据资产管理还可以加强对数据共享和合作的安全管理。在数据要素市场中，企业需要与其他组织进行数据的共享和合作。通过数据资产管理，可以建立安全的数据共享机制，确保数据在共享和合作过程中不被篡改、泄露或滥用。

三、数据资产管理的难点

当前，数据资产管理仍然面临一系列的问题和挑战，涉及数据资产管理的理念、效率、技术、安全等方面，阻碍了组织数据资产能力的持续提升。CCSA TC601 大数据技术标准推进委员会编制的《数据资产管理实践白皮书》中提出了数据资产管理具有以下 5 大难点：

难点 1：数据资产管理内驱动力不足。组织管理数据资产的动力主要来自外在动力和内在动力两个方面。随着鼓励组织开展数字化转型的国家和行业政策陆续发布，监管和行业主管部门对企业数据管理提出更高要求，数据分析和应用对于同业竞争的优势日趋显著，组织开展数据资产管理的外部动力逐渐增强。但是，对于多数组织而言，仍面临数据资产管理价值不明显、数据资产管理路径不清晰、数据文化不完善等问题，管理层尚未达成数据战略共识，业务部门等数据使用方缺少有效的数据应用方法，短时期内数据资产管理投入产出比较低，导致组织开展数据资产管理内驱动力不足。

难点2：数据资产管理与业务发展存在割裂。现阶段企业开展数据资产管理主要是为经营管理和业务决策提供数据支持，数据资产管理应与业务发展紧密耦合，数据资产也需要借助业务活动实现价值释放。然而，很多组织的数据资产管理工作与实际业务存在"脱节"情况。战略层面不一致，多数企业并未在企业发展规划中给予数据资产管理应有的组织地位和资源配置，未体现数据资产管理与业务结合的方式与路径。同时，组织层面不统一，数据资产管理团队与业务团队缺乏有效的协同机制，使数据资产管理团队不清楚业务的数据需求，业务团队不知道如何参与数据资产管理工作。

难点3：数据质量难以及时满足业务预期。数据资产管理的核心目标之一是提升数据质量，以提高数据决策的准确性。但是，目前多数企业面临数据质量不达预期、质量提升缓慢的问题。究其原因，主要包括以下三个方面：一是未进行源头数据质量治理，"垃圾"数据流入大数据平台；二是数据资产管理人员未与数据使用者之间形成协同，数据质量规则并未得到数据生产者或数据使用者的确认；三是数据质量管理的技术支持不足，手工操作在数据质量管理中占比较高，导致数据质量问题发现与整改不及时。

难点4：数据资产无法持续运营。数据资产运营是推动数据资产管理长期、持续开展的关键。但是，由于多数组织仍处于数据资产管理的初级阶段，尚未建立数据资产运营的理念与方法，难以充分调动数据使用方参与数据资产管理的积极性，数据资产管理方与使用方之间缺少良性沟通和反馈机制，降低了数据产品的应用效果。

难点5：数据安全风险加剧，安全合规要求日益复杂。《中国政企机构数据安全风险分析报告（2022）》显示数据泄露已经超越数据破坏成为数据安全最大风险，2021年全球数据安全大事件中涉及数据泄露的占总量的41.2%。2022年，数据泄露事件占比攀升至51.7%。此外，对个人信息交易需求的增加扩大了数据安全风险来源，从交易信息类型来看，涉及个人信息数据买卖的交易占比达到55.6%（其余两大类交易信息包括商业机密数据、内网管理信息数据，占比分别为 19.3% 和 11.7%）。如何有效应对数据安全风险事件、满足国家行业数据安全合规要求，是当前企业面临的难点之一。

除以上 5 大难点外，数据资产管理还存在数据资产价值评估难的问题。数据资产具有时效性、变动性，随着时间的推移数据也会发生贬值；数据价值具有无限性，不同于其他实物资产可以被无限使用，所以其价值难以估算；数据价值具有场景性，在不同场景下数据所发挥出的价值是不同的，即便相关的数据不同的使用方法、不同人使用其产生的价值也是不一样的；数据价值还具有不确定性，数据的法律监管、隐私权等问题对数据价值也会产生实质性影响。

四、数据资产管理的概念演变与发展趋势

1. 数据资产管理的概念演变

数据资产管理伴随着数据管理的理念进步和技术发展而不断演变。数据的海量增长和多样化的来源使有效管理和利用数据变得尤为重要，数据资产管理成为激发组织数据要素活力、加速数据价值释放的关键。

首先，数据资产管理起源于数据管理。数据管理的概念最早出现在 20 世纪 80 年代数据随机存储技术和数据库技术的使用过程中，并且随着信息技术的不断涌现和普及，数据的重要性日益凸显。早期部分国家的开放政府数据战略、国家数字经济战略或安全战略等充分体现和强调数据管理的价值与意义，如《美国联邦数据战略》《荷兰政府数据战略》《英国数据战略》等，换言之，数据的资产价值最早被政府数据所定义。伴随着数字化的发展，美国、英国、澳大利亚、新西兰等许多国家提出"数据即资产"的观念，这意味着各国政府认识到要采用基于"资产"而非"资源"的方式来管理数据，数据资产管理理念在宏观政府层面得以确立。

其次，数据资产管理与数据技术不可分割。信息化时代，数据被视为业务记录的主要载体，数据管理与业务系统、管理系统（包括企业资源规划系统 ERP、自动办公系统 OA、管理信息系统 MIS、客户关系管理系统 CRM、人力资源管理系统 HRM 等）的建设和维护相结合，数据管理具备一定的业务含义。大数据时代，随着数据规模持续增加以及技术成本投入下降，越来越多的组织搭建大数据平台，实现数据资源的集中存储和管理，组建数据管理团队，数据管理的重要性和必要性日益凸显，数据管理推动组织业务发展的作用逐步显现。数据要素化时代，数据作为资产的理念正在共识，数据管理演变为对数据资产的管理，以提升数据质量和保障数据安全为基础要求，围绕数据全生命周期，统筹开展数据管理，以释放数据资产价值为核心目标，制定数据赋能业务发展战略，持续运营数据资产。

最后，数据资产管理的理论框架逐步趋向成熟。国际上，麻省理工学院数据质量研究小组于 1988 年启动全面数据质量管理（Total Data Quality Management，TDQM），提出了聚焦于质量管理的数据资产管理框架。国际数据治理研究所（The Data Governance Institute，DGI）于 2004 年提出了数据治理框架（Data Governance Institute，DGI），国际数据管理协会（Data Management Association CHAPTER International，DAMA）于 2009 年发布了数据管理知识体系，并于 2017 年对数据管理模型进行了更新。此外，Gartner、IBM 等企业纷纷提出了数据管理能力评价模型。我国于 2018 年发布《数据管理能力成熟度评估模型》（GB/T 36073-3018）国家标准，成为国内数据管理领域的第一个国家标准，相对全面的定义了数据管理活动框架，包含 8 个能力域、28 个能力项。

2. 数据资产管理的发展现状

数据资产管理政策环境持续优化。金融领域，2021 年 3 月，中国人民银行发布《金融业数据能力建设指引》，为金融业工作落地实施提供强力指导。2021 年 9 月，原银保监会印发《商业银行监管评级办法》，将"数据治理"要求纳入商业银行监管评级要素并给予 5% 的权重，进一步要求商业银行加快建设数据治理体系。通信领域，2021 年 11 月，工业和信息化部发布了《"十四五"信息通信行业发展规划》，提出加强数据资源管理，研究制定信息通信领域公共数据开放及数据资源流动制度规范，探索建立数据应用处理、数据产品标准化、数据确权、数据定价、数据交易信任、数据开放利用全流程的数据资源管理制度体系和数据要素市场，加强数据资源监管和行业自律。加快数据流通共享技术标准体系制定，提升数据质量和规范性。制造业领域，2021 年 11 月，工业和信息化部印发《"十四五"信息化和工业化深度融合发展规划》，提出强化大数据在制造业各环节应用，制订制造业数字化转型行动计划，以制造业数字化转型为引领，培育专业化、场景化大数据解决方案。

随着数字经济的发展，政府和企业意识到了数据资产的重要性。2020 年 4 月，国务院出台了《中共中央　国务院关于构建更加完善的要素市场化配置体制机制的意见》，指出数据成为继土地、劳动力、资本、技术之后的第五个生产要素。2021 年 3 月，国家出台了《中华人民共和国国民经济和社会发展第十四个五年规划和 2035 年远景目标纲要》，提出数据日益成为国家基础性战略资源，加快推进数字产业化，推进数字化转型。2022 年 1 月，国务院发布了《"十四五"数字经济发展规划》，明确提出要充分发挥数据要素作用，再次凸显数据在数字经济的关键性，制定 2025 年前着手创立数据因素市场体制的目标。2022 年 12 月，中共中央、国务院发布了《关于构建数据基础制度更好发挥数据要素作用的意见》（以下简称《数据二十条》），提出建立保障权益、合规使用的数据资产产权制度；建立合规高效、场内外结合的数据要素流通和交易制度；建立体现效率、促进公平的数据要素收益分配制度；建立安全可控、弹性包容的数据要素治理制度。这是我国第一次针对数据元素发布的基础性文件。

2023 年 8 月 21 日，财政部印发《企业数据资源相关会计处理暂行规定》，提出数据资产会计处理适用准则和财务报表的相关列示和披露要求，对数据资源相关的会计处理进行规范。12 月 5 日，由浙江省标准化研究院牵头制定的《数据资产确认工作指南》正式实施，该指南对数据资产相关概念界定、数据资产确认工作框架、数据资产的初始确认、变更确认、终止确认进行详细的描述，填补了数据资产确认标准的空白。

数据资产作为当下的经济热点，不仅政府加以重视，社会各个团体和协会也纷纷建言献策，致力于推动数据资产管理合理化和科学化，充分发挥数据资产对企业的推动作用。大数据技术标准委员会自 2017 年积极研究数据资产管理，到 2023 年 1 月已经发布了《数据资产管理实践白皮书（6.0 版）》。该白皮书中提出了数据资产管理的难点，即数据资产管理内驱动力不足、管理业务发展存在割裂、数据质量难以及时满足业务预期、数据资产无法持续经济、数据安全风险加剧、安全合规要求日益复杂。同时，也提出了数据资产管理实践步骤，即统筹规划、管理实践、稽核检查和资产运营。2020年1月和2023年9月，中国资产评估协会先后发布了《资产评估专家指引第9号——数据资产评估》和《数据资产评估指导意见》。

数据资产管理能力整体处于发展初期，发展态势稳中有进。中国电子信息行业联合会通过计算历年来数据管理能力成熟度评估模型（Data Management Capability Maturity Model，DCMM）评估企业的能力等级分布，大部分贯标企业的数据管理能力均在二级（受管理级）及以下水平，占全部贯标企业的80.1%；三级（稳健级）占总量的15.6%；四级及以上（量化级和优化级）不足5%。随着企业数字化转型相关政策不断出台，企业自身数据意识持续提升，越来越多的企业参与到DCMM贯标评估工作中，通过"以评促建"的方式加快数据资产管理能力建设。

行业间数据资产管理能力差异分布显著。软件和信息技术业、工业和制造业、医疗行业、教育行业等传统行业仍处于初级阶段，数据资产管理的意识和动力不足，数据资产管理处于大数据平台建设阶段，尚未组建相对专业化的数据资产管理团队，主要针对核心业务开展数据标准化、数据质量管控等工作。金融行业、互联网行业、通信行业、电力、零售行业等较早享受到了"数据红利"，持续推进业务线上化，数据资产管理重要性随之提升，逐步发展数据资产管理部门，加大技术创新与应用，开展数据分析和数据服务。中国电子信息行业联合会将DCMM评估的统计数据按照行业进行对比分析，发现通信、电力、银行三个行业处于相对领先水平，软件和信息技术业、制造业有较大提升空间。

评估数据资产价值、创新数据资产商业模式逐步成为企业关注的焦点，领先企业已开展探索性实践。数据价值评估是量化数据资产价值的有效方式，推动企业持续投入资源开展数据资产管理，为企业参与数据要素流通奠定基础。2021年光大银行发布了《商业银行数据资产估值白皮书》，计算出光大银行数据资产超千亿元的货币价值，并与北京国际大数据交易所开展战略合作，探索数据要素多元发展模式。2022年光大银行在前期研究的基础上，以商业银行为研究对象，开展数据资产入表和数据要素市场生态研究，发布了《商业银行数据资产会计核算研究报告》，为业界提供了参考。此外，光大银行发布的《商业银行数据要素市场生态研究报告》提出了商业银行在数据要素市场新生态中的两个新发展路径：一是作为数据商，以"4+2"的服务模式，深入参与数据要素市场大循环，开展数据商业务；二是作为第三方专业机构，充分发挥银行的现有优势，开放创新，拓展业务新场景。

数据安全管理作为数据资产管理的"红线"，日益受到国家行业的重视。国家层面，逐渐明晰数据安全的监管"红线"，为企业数据安全建设提供政策引领。2022年7月，中央网信办公布《数据出境安全评估办法》，为各行业企业规范数据出境活动、保护个人信息权益提出了更加具体的要求和措施，翻开了数据出境安全管理的新篇章。行业方面，工业和信息化部于2022年10月再次公开征求对《工业和信息化领域数据安全管理办法（试行）》的意见，明确了重要和核心数据在目录备案及出境等方面的工作要求，是对工业和信息化领域数据安全管理工作的进一步指导。

3. 数据资产管理的演进趋势

随着数据要素市场的深度建设和数字经济的迅猛发展，数据资产管理领域也在不断演进。未来，数据资产管理将朝着统一化、专业化、敏捷化的方向发展，提高数据资产管理效率，主动赋能业务，推动数据资产安全有序流通，持续运营数据资产，充分发挥数据资产的经济价值和社会价值。参考大数据技术标准推进委员会发布的《数据资产管理实践白皮书（6.0版）》，本书从管理理念、组织形态、管理方式、技术架构、管理手段、运营模式、数据安全七个方面讲述数据资产管理的发展趋势。

（1）管理理念：从被动响应到主动赋能。

随着组织数字化转型的不断深入推进，数据资产管理占组织日常经营管理的比重日渐增加，传统以需求定制开发为主要模式的被动服务形式，已难以满足组织数据服务响应诉求，组织逐步在各条业务线设置数据管理岗位，定期采集数据使用方诉求，构建数据资产管理需求清单，解决数据资产管理难点，跟踪数据应用效果，加深数据人员对业务的理解和认识，主动赋能业务发展。

此外，随着数据素养和数字技能的不断提升，数据使用者培养了主动消费意识和能力，以数据资产目录为载体、以自助式数据服务为手段、以全流程安全防护为保障的数据主动消费和管控模式正在形成，在提升数据服务水平的同时，进一步提升数据应用的广度和深度。

（2）组织形态：向专业化与复合型升级。

区别于信息化阶段作为 IT 部门的从属部门，数据资产管理组织与职能已逐步独立化。对于政府，由专门的政府机构承担，在业务部门设立数据管理兼职岗位，首席数据官（Chief Data Officer，CDO）制度也出现在了深圳、浙江等地的规划中。深圳市印发的《深圳市首席数据官制度试点实施方案》提出在市政府和有条件的区、部门试点首席数据官制度，明确职责范围，健全评价机制，创新数据共享开放和开发利用模式，提高数据治理和数据运营能力覆盖决策、管理、设计、维护的数据资产管理专业组织形态已逐步显现。对于企业，广东、上海等地发布相关政策推动企业设置首席数据官。广东省工业和信息化厅于 2022 年出台了《广东省企业首席数据官建设指南》，鼓励在企业决策层实施 CDO 角色，以制度形式赋予 CDO 对企业重大事务的知情权、参与权和决策权，统筹负责企业数据资产管理工作，加强企业数据文化建设，提升企业员工数据资产意识，建立正确的企业数据价值观。

数据资产管理组织形成以 CDO 或 CIO（Chief Information Officer，首席信息官）主导、业务部门与 IT 部门协同参与的模式。Gartner 2021 年报告显示，75%的公司将 CDO 视为与 IT、HR 和财务同样关键的职务。此外，在业务部门与 IT 部门设置专职或兼职数据管理员，推动数据资产管理有效开展。

（3）管理方式：敏捷协同的一体化管理。

传统的数据资产管理建设往往由多个分散的管理活动和解决方案组成，造成数据资产管理各个环节（包括开发与管理、管理与运营）之间的脱节，使数据从生产端到消费端的开发效率降低。例如，在开发阶段应遵循的数据标准规范，在管理阶段需要加强依赖专业数据管理角色和过程监控才可能实现。同时，由于多数企业忽视了数据运营，使数据消费端未向数据资产生产端反馈有效的用户体验。

DataOps（数据运维）倡导协同式、敏捷式的数据资产管理，通过建立数据管道，明确数据资产管理的流转过程及环节，采用技术推动数据资产管理自动化，提高所有数据资产管理相关人员的数据访问和获取效率，缩短数据项目的周期，并持续改进数据质量，降低管理成本，加速数据价值释放。例如，通过标准设计、模型设计指导数据开发，前置化数据质量管理，并建立 SLA 开展数据资产运维，实现开发与管理的协同；数据资产管理成果通过被业务分析人员、数据科学家等角色自助使用，支撑业务运营，同时，运营结果反向指导数据资产管理工作，实现管理与运营的协同。

（4）技术架构：面向云的 Data Fabric。

随着数据技术组件日益丰富，数据分布日趋分散，Gartner 认为 Data Fabric 已成为支持组装式数据分析及其各种组件的基础架构，通过在大数据技术设计上复用数据集成方式，Data Fabric 可缩短 30% 的集成设计时间、30% 的部署时间和 70% 的维护时间。

Data Fabric 是一种新型、动态的数据架构设计理念，是综合利用元数据、机器学习和知识图谱等技术，打造一个更加自动化、面向业务、兼容异构的企业数据供应体系，以支撑更加统一、协同、智能的数据访问，有分析师称之为"将'恰当'的数据在'恰当'的时间提供给'恰当'的人"。

目前，IBM、Informatica 和 Talend 等推出了针对 Data Fabric 的解决方案。以 IBM 为例，其于 2021 年 7 月发布的 Cloud Pak for Data 4.0 的软件组合增加了智能化的 Data Fabric 功能，其中，AutoSQL（结构化查询语言）可以通过 AI 进行数据的自动访问、整合和管理，使分布式查询的速度提升 8 倍，同时节约 50% 的成本。

（5）管理手段：自动化与智能化广泛应用。

随着数据复杂性持续增加，依靠"手工人力"的数据资产管理手段将逐步被"自动智能"的"专业工具"取代，覆盖数据资源化、数据资产化的多个活动职能，在不影响数据资产管理效果的同时，极大地降低了数据资产管理成本。

具体来说，是指利用 AI、ML、RPA、语义分析、可视化等技术，自动识别或匹配数据规则（包括数据标准规则、数据质量规则、数据安全规则等），自动执行数据规则校验，或是自动发现数据之间的关联关系，并以可视化的方式展现。此外，可利用 VR、AR 等技术，帮助数据使用者探索数据和挖掘数据，提升数据应用的趣味性，降低数据使用门槛，扩大数据使用对象范围。

（6）运营模式：构建多元化的数据生态。

运营数据是持续创造数据价值的有效方式，多元化的数据生态通过引入多维度数据、多类参与方、多种产品形态，进一步拓展数据应用场景和数据合作方式，为数据运营提供良好的环境。

充分借力行业数据资源优势，创新数据生态多种模式。能源行业以广东电网能源投资为例，通过成为首批"数据经纪人试点单位"，积极参与数据要素生态体系，打造电力大数据品牌，实现电力数据资产合规高效流通，获取电力数据资产价值收益。对于银行业而言，"开放银行"是数据生态的典型代表，"开放银行"的本质是一种平台化商业模式，以 API 作为技术手段，实现银行数据与第三方服务商的共享，从而为金融生态中的客户、第三方开发者、金融科技企业以及其他合作伙伴提供服务，并最终为消费者创造出新价值。随着开放银行的生态体系不断完善，银行将丰富与合作伙伴共建共享方式，充分运用数据智能，实时感知用户需求并精准匹配，有利于提供全方位、综合化、泛金融服务。

（7）数据安全：兼顾合规与发展。

首先，应意识到数据安全与数据资产合理利用并不冲突。两者之间存在着互相促进的关系。数据安全是合理利用的前提条件，合理利用是数据安全保护的最终目的。只有做好数据安全保护，才能让数据所有者愿意授予组织或其他主体对数据的使用权利，进一步推动数据资产流通。例如，欧盟的《通用数据保护条例》（*General Data Protection Regulations*，GDPR）倡导平衡"数据权利保护"与"数据自由流通"的理念，在赋予数据主体权利的同时，强调个人数据的自由流通不得因为在个人数据处理过程中保护自然人权利而被限制或禁止。

其次，应从数据安全管理和数据资产流通两方面同步寻找平衡点。在数据安全管理侧，通过建立数据安全管理机制，制定数据安全分类分级标准和使用技术规范，提升数据安全治理能力；在数据资产流通侧，将数据安全合规、个人信息保护等要求作为基本"红线"，将其潜在风险作为成本指标，在不触碰"红线"的前提下，进行数据资产流通的收益分析，探索数据安全与资产流通的均衡方案。

第二节　数据资产管理的策略与技术

一、数据资产管理的基本阶段

理解数据资产管理需要明确一个前提，即并不是所有的数据都称为数据资产，数据资产是能够为企业所拥有且为企业带来经济利益的数据。因此，企事业单位数据资产管理的五个阶段应当满足业务数据化、数据资源化、数据产品化、数据资产化、数据资本化的"五化"演进趋势，从而发挥数据要素价值，度量数据要素在生产经营过程中的经济效益。

1. 业务数据化

深刻理解业务数据化的含义，首先需要了解的是"什么是数据"。国际数据管理协会和联合国欧洲经济委员会以为数据的概念最早来源于信息学领域，被认为是信息的原始材料和实体表现形式。国际标准化组织（ISO）将数据定义为"以适合交流、解释或处理的正式方式，对信息可重新解释的表述"。Farboodi 等（2019）从呈现方式的视角认为数据是"一切以 0-1 编码序列展示的信息"。申卫星（2020）指出数据是符号和载体，而信息是符号所映射的内容。借鉴马克卫（2023）的观点，将数据定义为"基于二进制，以比特表达的具有相对固定形式的信息"，这一定义既强调了数据的技术属性，也明确了法律层面上数据表达信息的特定形式，同时避免"数据"与"信息"的割裂对峙。

企业意识到数据对企业经营发展的促进作用，在合规的前提下，积极主动地收集、汇聚各项业务数据。业务数据化是数据资产管理的前提，主要是通过各种技术手段将企业内部的各个业务过程和活动转化为可量化、可存储和可操作的数据形式。这个过程的目标是搭建数据基础设施来积累和沉淀数据资源，通过管理和技术手段不断提升数据质量，为满足企业内部管理和业务运营提供数据支持。

2. 数据资源化

随着5G、大数据、物联网等数字化技术的发展，数据呈现指数级增长，数据采集、存储、加工处理和分析应用的能力不断提升，数据的价值被广泛认同（胡亚茹，2022）。数据作为一种资源，从社会学角度，资源包括自然资源和社会资源，数据属于社会资源的一种；从经济学角度，资源包括经济资源和非经济资源，数据属于经济资源的一种（张俊瑞，2023）。就微观企业而言，狭义的数据资源是指企业经营过程中积累的数据本身，如销售数据、员工数据、订单数据、物流数据、生产数据、物料数据、财务数据等；广义的数据资源除包括数据本身外，还包括管理数据的计算机和通信技术等，涉及数据产生、处理、传播、交换的全过程（宋书勇，2024）。数据资源的概念比数据要广，本书只讨论狭义的数据资源。

数据资源化是数据具有使用价值的过程，是使无序、混乱的原始数据成为有序、有使用价值的数据资源。数据资源化是数据价值化的首要阶段，通过数据采集、数据整理、数据聚合、数据分析等途径了解不同数据的利用方式，并对数据进行探明和标识。数据资源化会形成某种稀缺性，从而引出资源的优化配置需求。不同数据集由于质量、规模等差异，所蕴含的信息量和在不同部门之间的动态分布各有不同，从而构成数据要素流动的原动力。

3. 数据产品化

数据资源是否具有价值，取决于资源能否被有效利用并产生经济效益和变现。因此，从数据资源到数据资产转变的过程，核心是"从不能带来经济利益到可以带来经济利益"的价值形成过程，关键是要体现数据资源的有用性（宋书勇，2024）。

数据产品化以数据资源为起点，且与数据应用场景紧密结合。企业需梳理应用场景标签与数据产品类型，通过多元组合，寻找数据产品的机会点与服务提供方式，建立数据产品体系。通过数据产品开发，将数据资源转化为有实际价值的数据产品，满足企业内部或外部用户的需求，为企业提升业务效率，并带来新的商机和收益。

4. 数据资产化

并非所有数据资源都能成为数据资产，数据资源成为数据资产需要经历资产化过程，也只有经过资产化，数据资源的价值才能进行评估及核算（刘雁南和赵传仁，2023）。数据资产化是数据从原始数据逐步转变为数据资产的过程，因此，从数据资产的形成过程来看，数据资产化是围绕数据的价值创造活动，包括数据采集、加工、治理、开发以及交易等诸多环节和流程，最终目的是促使数据向数据资源、数据资产转化。这一过程也引申出数据资产化的狭义评价标准，即数据资源完成入表并确认为会计学意义的资产。

根据刘雁南和赵传仁（2023）的观点，数据资产化过程需要经历三个阶段：一是数据资源结果确权、加工、管理等转化为可确认的数据资产，满足数据资源权属清晰、有潜在价值、可计量等基本要求；二是通过数据与业务的结合或数据业务化来实现数据资产的价值创造；三是数据资产本身或利用数据资产开发的数据产品通过交易流通能够为数据资产所有者带来收益。由此，数据资产化使得数据通过流通交易给使用者或所有者带来经济利益，这一过程包括数据权属的确定、数据资产的定价、数据的交易流通，其本质是形成数据交换价值，初步实现数据变现。

5. 数据资本化

数据资本化是扩大数据价值的手段和途径，其本质是实现数据要素的社会化配置。数据在要素市场流通、交易，将数据资产变为数据资本的过程就是数据资本化，如数据可以直接通过变成等量资本入股。数据资本化能够在更高层次上实现数据资本价值，数据资本如同金融资本、实物资本一样，能够产生新的、有价值的产品和服务，提高数据资产拥有者的预期收益。数据资本化阶段，数据要素被赋予金融属性进入资本市场，推动资本集聚，促进资源合理配置，发挥数据要素对经济社会发展的乘数效应，放大数据要素的价值，这是数据作为新型生产要素，融入我国资本市场和经济价值创造体系的直观体现。

目前，数据要素市场已经开始了数据资本化的创新试点探索，总结起来主要包括以下4种模式：数据证券化、数据质押融资、数据银行和数据信托。其中，数据证券化可将数据货币价值转换为权益价值；数据信贷融资可将数据货币价值迅速变现，获取企业再生产所需资金。

二、数据资产管理的活动职能

1. 数据模型管理

数据模型是使用结构化的语言将收集到的组织业务经营、管理和决策中使用的数据需求进行综合分析，按照模型设计规范将需求重新组织。

数据模型管理是指在进行信息系统设计时，参考逻辑模型，使用标准化用语、单词等数据要素设计数据模型，并在信息系统建设和运行维护过程中，严格按照数据模型管理制度，审核和管理新建和存量的数据模型。

数据模型管理的关键活动包括：

（1）建立并维护组织级数据模型和系统应用级数据模型，用来定义关键的数据生产者和消费者的需求。

（2）建立一套组织共同遵循数据模型设计的开发规范，包括数据模型的管理工具、命名规范、常用术语和管理办法等。

（3）使用组织级数据模型来指导应用系统的建设，保证组织应用系统的建设能最大限度地满足组织业务经营与决策的需求。

以金融业为例，金融数据模型在解决大型金融机构存在的数据管理问题中发挥着关键作用。首先，通过统一金融机构数据语言，建立统一的金融词汇表，实现了业务与技术沟通的桥梁，规范了数据需求、共享和管理。其次，企业级数据模型作为指导系统建设的规范，提高了系统开发质量，并促进了系统落地的有效性。最重要的是，通过建立面向多维视角的数据资产目录，金融机构能够降低业务用户数据应用门槛，从而推动数据民主化建设，进一步释放数据资产的价值。

2. 元数据管理

元数据是关于数据的组织、数据域及其关系的信息，即关于数据的数据。元数据能够为数据说明其元素或属性、结构或其他相关信息，是对数据及信息资源的描述性信息。元数据管理则是一整套流程的集合，包括元数据的创建、存储、整合与控制等方面。

元数据管理的关键活动包括：

（1）根据业务需求、数据管理和应用需求对元数据进行分类，建立元模型标准，以保障不同来源的元数据集成和互操作，同时实现元模型变更的规范化管理。

（2）通过实现不同来源的元数据的有效集成，可以形成组织的数据全景图，并能从业务、技术、操作、管理等不同维度管理和使用数据。元数据变更应遵循相关规范，以确保数据的一致性和完整性。

（3）建立元数据应用和元数据服务，可提升相关方对数据的理解，辅助数据管理和数据应用，从而为组织提供更大的价值。

元数据管理在数据资产盘点中扮演着关键的角色。通过建立数据库元模型、表元模型、字段元模型和管理员元模型，可以将企业内部所有有交互的数据形成一个错综复杂的数据关系网络。通过对数据资源的基本信息、存储位置、数据结构、关联等信息进行分类汇总，让数据资源信息更具标准、透明，降低企业"找数据"的难度，为数据的使用和价值释放提供支持。此外，元数据管理还可以发现分布在不同系统、位置的数据，让隐匿的数据显性化。通过实现数据资源的统一梳理和盘查，可以让企业的数据资源更加规范、透明，降低数据管理的复杂性和风险。

3. 数据标准管理

数据标准是组织数据中的基准数据。通过建立规范和制度，统一定义各类数据标准的名称、业务定义、业务规则、值域、数据类型、数据格式等，组织可以为信息系统中的数据提供规范化、标准化的依据。数据标准的定义不仅为数据集成和共享提供基础，也是数据治理和数据质量检查规则的标准依据。只有经过标准化的数据，才能为组织的各类数据应用带来更大的价值。

数据标准管理的关键活动包括：

（1）参考数据和主数据需要明确跨部门和跨业务领域的标准，其名称定义应遵循业务术语标准，属性、长度和阈值符合数据元标准，并按照指标数据标准进行考核。

（2）数据元是最小的数据单位，而元数据则是描述数据的数据。组织需要对数据元进行标准定义，以提供参考数据、主数据和指标数据的定义依据。

（3）指标数据是根据组织内部经营分析的业务需求制定的一系列业务指标，需要明确指标的名称、统计口径、计算公式和阈值等属性。

以银行业为例，银行核心系统和信贷管理系统各自独立设计了"客户信息表"，如果要建立一个数据整合平台统一存储银行全部的客户资料，就需要建设"客户数据标准"来整合不同系统产生的客户信息。数据标准化的过程实际上是在数据整合平台中实现数据标准，并通过清洗、转换加载到数据模型中。综上所述，数据资产管理的第一步是厘清企业拥有哪些数据并进行整合，而构建数据整合平台则需要建立一套数据标准和数据模型，以实现数据的标准化。数据标准化能够提高数据的一致性和质量，促进数据的有效整合和利用，为企业和行业提供更可靠的数据支持。

4. 数据质量管理

数据质量管理是指对数据从计划、获取、存储、共享、维护、应用、消亡全生命周期的每个阶段可能引发的各类数据质量问题进行识别、度量、监控、预警等一系列管理活动。通过改善和提高组织的管理水平，数据质量得以进一步提升。

数据质量管理的关键活动包括：

（1）数据质量检查依托目标和需求，有计划地利用数据质量规则监控组织数据质量情况，并形成数据质量问题管理机制。

（2）数据质量分析采用某些分析方法对前序工作产生的数据质量问题进行分析，帮助组织掌握数据质量情况，并将其汇总形成知识库。

（3）数据质量提升则根据数据质量分析结果制定相应的改进措施和提升方案，帮助企业建立良好的数据质量文化。

数据质量对于数据资产管理的作用不可忽视。首先，数据价值的确认与质量的管控是数据资产化的基本环节，而数据质量评估影响整个市场化过程。其次，数据定价体系和交易市场建立在数据质量基础上，影响数据资产的交易和估值。数据质量不仅直接影响数据资产的价格，还通过数据治理和优化提升数据资产估值。类比石油开采中的成本、加工和质量影响价格的过程，数据资产也受到数据量、质量和分析能力等影响。因此，量化数据质量并进行综合评估是评估数据资产价值的重要一环，它直接影响着数据资产估值的量化过程（见图4-3）。

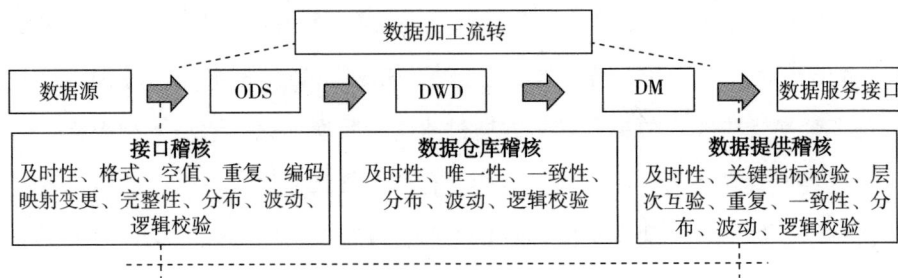

图4-3　数据全流程质量检验管控

5. 数据安全管理

数据安全是指保护数字数据免受未授权访问、泄露、破坏或丢失的过程和技术。这包括一系列的措施、策略和程序，旨在保护数据的保密性、完整性和可用性。随着企业的数字化转型，数据已经成为企业的重要资产，而数据安全管理则是保证这一资产价值的关键。数据安全管理是计划、制定、执行相关安全策略和规程，确保数据和信息资产在使用过程中有恰当的认证、授权、访问和审计等措施。

6. 数据资产流通

数据资产的流通方式包括开放、共享和交易等形式。在开放方面，主要体现为政府机构向企业提供数据服务，以促进企业的经营和为个人提供便利，从而带来社会和经济效益。共享则主要发生在合作企业之间，数据的流动受到企业间合同契约的制约。而数据资产的交易是指在双方遵循的定价机制和交易规则下签署合同，经过达成对数据资产交易合同中条款和价格的共识后进行实际交易。这一过程中，政府机构的数据开放有助于企业的生产和个人的便利，进而带动社会和经济效益的产生。数据资产的共享则侧重于企业间建立合同契约，规范数据流动。而数据资产的交易则强调在共同的定价机制和规则下，通过签署合同达成对数据交易的共识，并进行实际的买卖行为。

数据共享、数据开放以及数据交易的区别在于所涉及数据的属性和数据交换的主体范围。当涉及具备公共属性的数据时，在组织内部流通时被归类为数据共享，如政府机构之间的数据交换；而在组织外部流通时则被称为数据开放，如将公共数据向社会公众开放。相反，对于具有私有（商品）属性的数据，组织内部流通被认为是企业数据共享，如企业内不同部门之间的数据交换；而在组织外部流通时则被定义为数据交易。简言之，这三者的不同之处在于所涉及数据的属性特性以及数据交换的范围。

7. 数据价值评估

数据价值是指数据对实现目标和产生效益的重要性。数据具备多方面的作用，包括协助我们深入了解客户需求、优化业务流程、识别市场趋势，以及提高决策质量等方面。数据的价值并非一概而论，而是取决于其能提供的丰富信息量、高准确性、及时性，以及对目标产生的直接或间接影响。因此，数据的核心价值在于其在决策和行动方面提供的指导作用，为业务发展和决策制定提供可靠依据。

数据价值评估在数据资产管理中扮演着至关重要的角色，是数据资产化的基石。这一过程不仅涉及对数据的价值进行深入评估，还包括对其在组织中的战略意义和潜在贡献的全面审视。

8. 数据资产运营

数据资产运营是指通过对数据服务、数据流通情况进行持续跟踪和分析，以数据价值管理为参考，从数据使用者的视角出发，全面评价数据应用效果，建立科学的正向反馈和闭环管理机制，促进数据资产的迭代和完善，不断适应和满足数据资产的应用和创新需求。

三、数据资产管理的保障措施

1. 战略管理

在数字化时代，数据战略是实现精益数据资产管理的核心，是一个组织长期发展规划和资源配置的系列行动，旨在确保数据资产的长期高效管理。战略管理就像是给数据资产制定一份"导航图"，经过规划、执行、评估等多个阶段，确立数据资产管理的中长期目标和管理活动优先级，明确需要的资源投入总量和资源分配机制，确保它们与业务目标完美契合，并在不断变化的环境中灵活应对各种挑战和机遇。

战略规划是确保数据资产管理活动能够长期有效开展的关键步骤，通过深入了解组织的业务愿景，确保数据的收集、存储、分析与业务目标一致，明确定义数据资产管理的长期目标及采用何种技术和工具来支持数据资产的管理，并据此制定一个明确的技术愿景，需要考虑到不断演进的技术趋势和发展方向，如人工智能、机器学习，以及数据存储和处理技术等。此外，评估潜在风险并制定相应风险管理策略也必不可少，以确保数据资产管理能够适应不断变化的业务和技术环境，应对数据泄露、数据不一致性等潜在风险。

数据资产管理战略的执行阶段是将战略规划付诸实践至关重要的一步。需要特别强调的是，战略执行并非一成不变，而应根据实际情况的变化进行灵活调整。这涵盖了对战略规划的拆解、阶段性计划的制订，以及定期进行数据战略回顾，进行必要的调整和优化。在执行阶段初期，可以组织相关培训课程，以确保所有相关人员充分了解数据战略的重要性、目标和实施计划，从而积极参与数据战略的实施。同时，必须建立适当的技术基础设施和使用工具，以有效管理数据质量。建立监控体系，用于跟踪数据管理和分析的绩效，定期进行评估，及时发现问题并进行调整。

评估阶段是确保数据资产有效运作和持续改进的关键环节。在此阶段，组织需要进行全面的评估，以验证执行阶段的成果，并为未来的优化提供基础。包括对数据质量、安全性、可用性等方面进行审查，分析与数据资产管理相关的各项绩效指标，了解相关利益相关者对数据资产管理的看法，评估潜在的风险（如数据泄露、不当使用等安全方面的问题）等。通过以上评估，全面了解数据资产管理的现状，并有针对性地制订改进计划，以不断提升数据资产的管理水平和业务价值。

2. 组织架构

数据资产管理在组织中的成功实施与组织架构密切相关。建立合适的组织架构是确保数据资产管理顺利推进的基础，它不仅为数据管理提供了清晰的指导和支持，还有助于建立有效的数据治理、加强数据安全和促进数据文化的发展。因此，在推动数据资产管理策略时，组织架构的设计和实施应被视为关键的一环。

组织架构犹如为数据管理构建的坚实支撑体系，在这个支持体系中，需要明确各个部门和岗位在数据管理中的具体角色和责任。为了确保这个支持体系的稳固性，需要提供定期的培训计划，确保组织内部的员工具备足够的数据管理技能。此外，组织架构的成功离不开高层领导的支持。高层领导需要理解数据对业务成功的关键作用，并投入足够的资源和支持来推动数据资产管理的发展。通过这样的支持体系，组织能够更好地应对不断变化的市场环境，提升自身的竞争力和可持续发展能力。

一般来说，数据资产管理组织架构可分为四个层级：决策层、管理层、执行层和协作层。

（1）决策层。

1）数据治理委员会：由组织的领导层组成，如首席执行官（CEO）、首席信息官（CIO）或首席数据官（CDO）。该委员会负责制定数据资产管理的战略方向、目标与原则，并对重大决策进行审批。

2）数据管理领导团队：由各业务部门的高级领导组成，他们负责将数据治理战略与业务战略相结合，确保数据资产管理活动与组织目标一致。

（2）管理层。

1）数据资产管理办公室：该办公室负责日常的数据资产管理活动，包括制定政策、流程和技术标准，监督数据质量、安全性等方面的工作。

2）数据质量管理部门：负责确保数据的准确性、一致性和完整性，通过数据清洗、校验和标准化等过程，提升数据质量。

3）数据安全管理部门：负责制定和执行数据安全策略，保护数据不被未经授权的访问、使用或泄露。

（3）执行层。

1）数据处理部门：负责数据的收集、整合、处理、存储和备份等工作，确保数据的及时可用。

2）数据分析部门：利用数据分析工具和技能，对数据进行深入挖掘，提供有价值的信息和洞察。

3）业务部门：各业务部门内部应有专门的数据管理岗位或角色，负责与数据资产管理团队密切合作，确保业务需求得到满足。

（4）协作层。

1）IT部门：提供技术支持，包括系统集成、基础设施建设、系统维护等，确保数据资产管理系统的稳定运行。

2）法务与合规部门：负责审查数据使用和共享的合法性，确保组织遵循相关法律法规。

3）咨询与支持部门：提供培训、指导和技术支持，帮助员工提升数据管理和分析能力。

4）数据联络员：各业务部门内部的联络员，负责协调部门内部的数据需求和问题解决，与数据资产管理团队保持密切沟通。

5）项目组：针对特定项目或业务需求而组建的跨部门团队，负责项目的实施和数据资产管理活动的协调。

上述组织架构仅作为参考，实际组织架构可能因组织的业务范围、规模和管理需求而有所不同。可根据具体情况进行修改和调整，以确保与组织的战略和运营模式相匹配。

3. 制度体系

数据资产管理制度体系是确保数据资产得到有效、安全、合规管理和利用的关键框架。它不仅关乎企业的运营效率和竞争力，还直接影响到企业的战略发展和长期价值。因此，建立一个完善的数据资产管理制度体系，是当下企业不可或缺的重要任务。

为了构建一个高效的数据资产管理制度体系，需要从组织架构、流程规范、技术手段和人员培训等方面入手。首先，要建立一个高效的组织架构，明确各部门的职责和权力，确保数据管理工作的有效推进。这需要企业高层领导的重视和支持，推动各部门之间的协作和配合。其次，制定全面的流程规范至关重要，包括数据分类、数据质量、数据安全等方面的规范，这些规范应该明确数据的标准、数据的存储和访问方式、数据的共享和使用方式等，以确保数据的合规性和安全性。再次，采用先进的技术手段可以大大提高数据处理和利用的效率，如使用数据治理工具、数据分析工具等现代化工具，可以有效地管理和利用数据资产。最后，人员培训也不可忽视。通过系统的培训和教育，可以提高员工的意识和技能水平，使他们更好地理解和执行数据管理的相关规定。培训内容可以包括数据安全意识教育、数据管理技能培训等，以确保员工具备足够的知识和技能来应对数据管理方面的挑战。

构建和完善数据资产管理制度体系是一个长期而持续的过程。企业需要不断地优化和完善制度体系，以适应不断变化的市场环境和业务需求。通过不断优化组织架构、流程规范和技术手段，提高人员的意识和技能水平，可以更好地管理和利用数据资产，从而提升自身的竞争力和创新能力。同时，也有助于企业更好地应对数据安全和隐私保护的挑战，保护用户的合法权益和企业的声誉，实现可持续发展。

4. 平台工具

数据资产管理平台工具在整个数据管理生命周期中扮演着关键的角色，涵盖了从数据采集、数据清洗、数据存储到数据分析和数据应用的每个环节，为各项数据资产管理活动提供了有效的保障措施。通过提供一个统一、高效、安全的数据管理平台，数据资产管理平台工具助力企业实现数据价值的最大化，推动业务的高效发展。在我国数字化转型的大背景下，数据资产管理平台工具的重要性越发凸显，有望成为企业竞争力提升的利器。

从数据管理生命周期来看，首先，数据资产管理平台工具通过爬虫、API 接口等方式，迅速收集企业内外部各类数据，帮助企业构建全面的数据资产库，完成数据采集。其次，通过对数据进行去重、脱敏、格式转换等操作进行数据清洗，确保数据的准确性、完整性和一致性。最后，对发现的数据问题，可通过平台进行标注和记录，以便后续的数据治理。在存储环节，该工具提供了多样化的选择方案，如关系型数据库、分布式存储、云存储等，还支持数据加密和备份策略，确保数据的安全性和可靠性。数据分析是数据管理生命周期的价值体现，数据资产管理平台工具提供了丰富的数据分析工具和可视化界面，如报表、图表、仪表盘等，使业务人员能够迅速掌握数据情况，洞察数据的深层价值。此外，平台还支持自定义数据分析模型和算法，满足不同业务场景下的数据分析需求。数据应用是数据管理生命周期的最终目标，数据资产管理平台工具通过 API 接口、数据服务等方式，将分析结果应用于业务系统，实现数据驱动的业务决策。

从项目管理视角出发，数据资产管理平台工具在规划阶段通过角色分配和权限管理实施数据认责体系，明确数据所有权和管理责任。同时，支持需求管理和对数据资产现状的评估，包括规模、分布、可信度、安全性等，为制定合理的数据管理策略提供基础。在执行阶段，平台工具提供了规范的数据新增、修改及开发、任务编排、运维等功能，保障数据一致性和高效运营。在检查阶段，平台工具支持对数据模型、规范应用、问题数据处理和数据安全响应的跟踪，实现监控和评估，及时发现和解决潜在的问题。在改进阶段，平台工具支持逐个标记问题、生成改进建议，统计检查数据，形成知识库，量化改进过程，实现闭环管理。

从开发视角出发，平台工具呈现一体化形式，包括数据质量管理、数据安全管理、数据模型管理、元数据管理、数据标准管理、数据开发、数据治理等方面。数据资产管理为平台工具提供了集中化的数据管理、数据可见性和透明度、数据质量管理、安全性和合规性管理，以及数据治理和合作等保障措施。这些措施为各项数据资产管理活动提供了有效的支持和保护，帮助企业更好地管理和利用其数据资产。综合应用这些工具，可以帮助组织建立健全数据管理体系，提高数据资产的管理水平和数据资产价值的释放程度。在实践中，组织应根据自身的具体需求选择适合的工具进行部署和定制，从而实现数据资产管理的有效性、高效性和可持续性。

5. 长效机制

在进行数据资产管理时，为了确保其持续高效运行，不仅需要制定数据战略规划、组织架构和制度体系，还需要建立一系列长效机制。这些机制涵盖了培训宣贯、绩效考核、激励机制、审计机制和数据文化培养，它们共同构成了数据资产管理的基础保障。

培训宣贯是确保数据资产管理理论落地实践、流程执行运作的基础。通过组织员工参与相关的培训课程，加强行业内外的交流与沟通，分享优秀经验，能够促进员工技术水平的提升。这不仅有助于提高员工的业务能力，还能推动整个组织的数据资产管理水平向前发展。

绩效考核是确保数据资产管理各项工作落实到位的关键举措。通过建立数据资产管理考核机制，开展常态化、全面性的问题巡检，并将问题处理结果与员工薪酬关联，可以确保数据认责体系的有效执行。这不仅能提高员工的工作责任心，还能确保数据资产管理的各项工作得到及时、准确的完成。

激励机制是提升组织数据资产管理部门工作积极性，推动数据资产管理良性发展的重要手段。通过建立员工职业发展通道、设立数据资产管理相关奖项等方式，将数据资产管理纳入现有晋升、薪酬、职位资格等体系范畴，可以激发员工的工作热情和创造力，进一步推动数据资产管理的发展。

审计机制是保障数据资产按照既定规划和规范执行的有效方式。通过组建审计团队，引入第三方审计机构，依托相关审计平台，对岗位职责、制度体系、管理活动开展审计，可以确保数据资产管理的合规性和规范性。这不仅能够提高数据资产管理的质量，还能降低潜在的风险和损失，增强组织对数据资产管理执行情况的监督和信心。

数据文化培养是组织开展数据资产管理的核心价值观和最终驱动力。通过优化数据服务方式、降低数据资产管理参与门槛、开展多类型数据技能培训和比赛等方式，可以加深员工对数据的认识和兴趣。这不仅能提高员工的数据素养，还能促进整个组织形成良好的数据文化氛围。这种文化将为组织提供更广泛、更深入的数据驱动决策支持，为持续创新和业务发展奠定坚实基础。

第五章

数据资产入表：理论与规范

第一节 数据资产入表

一、数据资产入表的定义

解决数据资产"入表"问题，首先要深刻理解数据资产的基本内涵，明确入表对象的认定标准（刘刚，2022）。"数据资产"一词最早由美国学者查德·彼德森在1974年提出，他将数据资产界定为企业持有的可证券化的金融产品[①]。随着信息技术的发展，数据资产的定义也在不断拓展。我国对数据资产的研究起步较晚，在中国资产评估协会和中国信息通信研究院对数据资产的定义中，都强调了数据资产必须由特定主体合法拥有或控制，并且能够带来直接或间接的经济利益（权忠光，2022）。不过，它们在具体表述上略有差异。

中国资产评估协会发布的《资产评估专家指引第9号——数据资产评估》将数据资产定义为"由特定主体合法拥有或者控制，能持续发挥作用并且能带来直接或者间接经济利益的数据资源"[②]。这个定义突出了数据资产的持续性和其对经济利益的贡献。

中国信息通信研究院在其发布的《数据资产管理实践白皮书（5.0版）》中认为数据资产为"由组织合法拥有或控制的数据资源，以电子或其他方式记录，可进行计量或交易，能直接或间接带来经济效益和社会效益"（刘雁南和赵传仁，2023）。这个定义除强调经济利益外，还提到了社会效益，以及数据资产的可计量性和可交易性。

两个定义均是在现行会计资产概念的基础上衍生而来的，具有以下特点：一是强调数据资源的拥有或控制；二是强调能够带来经济利益或社会效益。体现了

[①] 宋书勇. 企业数据资产会计确认与计量问题研究 [J]. 会计之友，2024（2）：95-101.

[②] 赵星，李向前. 数据资产"入表"的准则考量与推进思路 [J]. 财会月刊，2024，45（3）：55-60.

对数据资产作为一种新兴资产类型的认识，以及对其价值和潜力的重视。随着数据在现代社会和经济中的作用日益增强，这种对数据资产的明确界定有助于更好地管理和利用数据资源，促进数据市场的健康发展（周丹阳，2019）。

二、数据资产入表的特点

相较于传统的有形资产和无形资产，数据资产具有非实体性和无消耗性、可加工性、多样性、依托性、价值易变性、多次衍生性、可共享性及零成本复制性八大特征①。这些特征决定了数据资产的价值难以确定和评估，也给数据资产的确权、管理、交易等带来了机遇和挑战。具体来说：

（1）非实体性和无消耗性：数据资产不同于传统的有形资产，它没有物理形态，不会因为使用而消耗掉，其存储与使用需要依赖于有形的媒介和多个支持系统。

（2）可加工性：数据资产可以通过一定的算法和技术进行深度加工、分析、处理，从而形成更高价值的数据产品，实现数据资产的价值增值。

（3）多样性：数据资产可以呈现出多种表现形式和融合形态，数据可以以不同的格式、类型、维度、粒度等存在，也可以与其他数据进行融合和组合，形成更丰富和复杂的数据资产（普华永道，2022）。

（4）依托性：数据资产需要在载体中储存，如硬盘、云端等，数据的安全性和可用性取决于介质的稳定性和可靠性，数据资产的价值实现需要依赖于其他的硬件、软件、网络等资源。

（5）价值易变性：数据资产的价值受到时间、空间、场景、需求等多方面的影响，数据的价值随着时间的推移和环境的变化而波动，数据的价值也与数据的使用效果和效益相关，数据的价值不是固定的，而是动态的。

（6）多次衍生性：数据资产可以被多层次多维度加工，从而衍生出不同程度的数据价值，进行多层次、多维度数据资产潜在价值挖掘，丰富数据资产。

---

① 黄登玺，潘学芳. 数据资产价值计算研究与实践［J］. 信息通信技术与政策，2022（2）：29-36.

（7）可共享性：数据资产可以无限地进行交换、转让和使用，利用其共享性可最大限度地挖掘数据资产价值，实现数据资产的价值共享。

（8）零成本复制性：数据资产的成本主要在于生命周期的前期阶段，包括数据读取和研究开发，因此初创数据资产的成本极高，但之后的复制、共享，边际成本趋于零，数据资产的规模效应显著。

三、数据资产入表的必要性

数据资产入表则是将数据确认为企业资产负债表中的"资产"一项，使其在财务报表中体现其真实价值与业务贡献[①]。这一过程不仅有助于显化数据资源的价值，还能真实反映经济运行状态，为宏观调控和市场决策提供有用的信息。自党的十九届四中全会首次将"数据"增列为一种生产要素以来，数字经济进入了一个新的发展阶段。党的二十大报告提出要"加快建设现代化经济体系，着力提高全要素生产率"，充分发挥海量数据和丰富应用场景优势促进数字技术与实体经济深度融合，赋能传统产业转型升级，催生新产业、新业态、新模式，不断做强、做优、做大我国数字经济。数据要素所引发的生产要素变革，正在重塑着我们的需求、生产、供应和消费，改变着社会的组织运行方式[②]。

2022年12月，财政部会计司发布了《企业数据资源相关会计处理暂行规定（征求意见稿）》，该规定针对数据资源是否能够作为资产入账、数据交易合同双方的会计处理方式等关键问题进行了详细规范，并明确了数据资源的适用范围。这一规定的出台，对于指导企业在数据资源方面的会计处理具有重要意义，有助于推动数据资产化进程，提升企业的财务管理水平和市场竞争力。

2023年8月，财政部正式对外发布了《企业数据资源相关会计处理暂行规定》（以下简称《暂行规定》），对于数据资产入表的适用范围、数据资源会计处理适用准则以及列示披露要求等方面都做出了明确的规定。企业在进行会计处

---

① 罗玫，李金璞，汤珂. 企业数据资产化：会计确认与价值评估 [J]. 清华大学学报（哲学社会科学版），2023，38（5）：195-209+226.

② 大数据技术标准推进委员会. 数据资产管理实践白皮书（6.0 版）[R]. 中国信通院，2024.

理时，需要明确哪些数据资产可以纳入会计报表的范围，从而确保会计信息的准确性和完整性，为企业在进行数据资源会计处理时提供了明确的指引。同时要求企业在对外披露会计信息时，需要对数据资源的相关情况进行详细的列示，《暂行规定》于 2024 年 1 月 1 日开始正式施行。

2023 年 12 月，财政部印发《关于加强数据资产管理的指导意见》的通知，从加强数据资产全流程管理、推动数据资产开发利用和确保数据资产合规安全使用三个方面，着力规范和加强数据资产管理。由此可见，加速推进数据资产入表对于促进数字经济高质量发展，促进全体人民共享数字经济红利，意义重大。

第二节　数据资产入表的国际和国内法规与准则

一、理论依据

数据成为企业的关键资产已经成为普遍共识。从现有文献来看，针对企业数据资产入表的理论包括数据治理理论、会计核算理论和资产评估理论（徐涛等，2022）。

1. 数据治理理论

数据治理理论分为狭义和广义两种。狭义数据治理是对数据资产管理行使权力和控制的活动集合，主要包含规划、监控和执行等，指导其他数据管理职能的整体执行，在高层次上执行数据管理制度（张兆虎等，2022）。因为此时的数据治理仅指数据治理的组织情况、制度规范、管理流程、绩效标准等，称其为相对"狭义"。狭义的数据治理的内生动力最早源于两个方面：一是内部风险需要进行管控，应对商业数据涉密、财务数据作假和数据质量不高，进而影响管理决策的关键数据。二是为应对外部监管的合规需求，如国资委企业受到国资委监管的监管、金融企业受到国家金融监督管理总局的监管等。

广义数据治理是围绕将数据作为企业资产而展开的一系列的具体化工作，数据治理是保证数据的可信可靠可用，满足业务对数据质量和数据安全的期待的一系列举措（杨农和刘绪光，2021）。主要包含各个主体为提高数据资产价值，进行数据确权，协调各个数据相关主体达成一致利益，促进各个数据相关主体采取联合数据治理行动。具体包含数据发展战略、数据治理、数据授权运营、数据高效流通等一系列数据相关活动的集合。具体来说，数据发展战略包括数据架构、时序数据管理、主数据管理、指标数据管理、元数据管理、数据质量管理、数据安全管理；数据治理包括数据确权、数据需求、数据服务、数据评估审计等；数据授权运营包括数据产品、数据交易、数据价值等。根据数据治理的对象不同，数据治理可以分为面向业务系统的数据治理和面向分析系统的数据治理。从数据治理的边界上看，数据治理既涉及数据的所有权、使用权、管理权、数据安全等核心议题，也涉及数据责任和数据制度规范等内容①。从数据治理的技术上看，数据治理涉及数据采集、数据归集、数据标准、数据开发利用、数据清洗、数据传输、数据保存等。从数据治理的结构来看，数据治理包含宏观数据治理、中观数据治理和微观数据治理三个层面：宏观数据治理主要指数据治理的原则、制度，数据治理的决策、激励，以及数据治理的战略方针、组织架构、职责分工等（汪玉凯，2023）。中观和微观层面的数据治理虽然关注点不同，但共同目标是提升数据的价值和作用。中观数据治理关注于建立组织内部数据使用与管理的规范体系，包括数据所有权、访问权限、使用规则等，明确个人或部门在数据管理中的责任，保证数据的准确性、及时性和安全性。中观数据治理的信息系统涵盖数据存储、处理和传输的技术架构，如数据库管理系统、云计算平台等，这些系统需要符合治理规则并与业务需求相匹配。微观数据治理深入到数据管理的实际操作，制定具体的数据处理流程、质量标准和安全规范，应用各种数据管理工具，如数据清洗工具、数据分析工具、数据监控工具等，以支持规范的执行。问题导向与场景化上针对特定的业务问题和应用场景，设计适应性的数据治理措施，如针对客户数据分析的治理要求与针对财务数据的治理要求会有所不同。数据治理

---

① 汪玉凯．数据治理的内涵、困境及其实践路径［J］．社会治理，2023（3）：4-11.

的服务架构方面，数据全生命周期管理的构建覆盖数据采集、存储、处理、分析、共享和应用的全生命周期的数据治理平台，平台设计包括数据采集系统（收集原始数据）、数据处理系统（数据清洗、整合）以及数据服务系统（提供数据查询、分析和报告功能）。相关具体工作围绕数据治理进行的规划设计，包括制度规范制定、数据标准设置、数据梳理等，确保数据治理体系的系统性和完整性。大数据时代的数据量大、更新快、种类多，对数据治理提出了更高的要求，随着技术的进步和业务需求的变化，数据治理需要不断适应新的技术和业务模式。总体而言，数据治理复杂且多样，本质上是由数字经济社会的数据所具有的时代特征决定的。

2. 会计核算理论

会计核算理论是会计学的基础，包括多个核心概念和假设，这些理论和假设共同构成了会计学科的基本框架。会计主体假设明确了会计记录和报告的空间范围，即确定哪些经济活动属于特定会计主体，解决了"为谁记账"的问题，确保只有与特定企业相关的经济业务被纳入会计核算。会计主体可以是企业、事业单位、政府部门等，每个会计主体的财务信息独立于其他主体。

持续经营假设是假定企业在可预见的未来将按照当前的规模和状态继续运营，不会停业或大规模削减业务。规范了会计核算的时间范围，基于此假设，会计核算可以规划未来，进行长期资产的折旧和摊销。持续经营假设使企业能够制定长远计划，包括资本投资、债务融资等。

会计分期假设将企业的持续经营活动划分为连续的、长度相同的期间，如年度、季度和月度。会计分期假设解决了会计核算的基本程序问题，明确了何时进行记账、算账和报账。通过会计分期，企业能够定期评估其财务状况和经营成果，满足管理者和利益相关者的信息需求。

货币计量假设指出会计核算应以货币作为主要计量单位，反映企业的生产经营活动。确保了会计信息的一致性和可比性，使不同时间、不同业务的经济活动可以统一度量。在实际操作中，货币计量假设要求会计人员使用统一的货币单位（如人民币、美元等）来进行核算。

关于会计要素，主要包括资产、负债、所有者权益、收入、费用、利润等，它们是构成财务报表的基本元素。会计要素是会计信息分类的基础，它们之间的关系反映了企业的财务状况和经营成果。通过会计要素的确认和计量，企业能够编制出资产负债表、利润表等财务报表。

会计记账基础包括权责发生制和收付实现制，会计记账基础通常采用权责发生制，即收入和费用的确认基于权利和义务的发生，而不是款项的实际收付。权责发生制有助于更准确地反映特定会计期间的经营成果，避免了因收付款时间差异而导致的利润扭曲。在权责发生制下，企业需要对应收账款、应付账款等进行严格管理，确保会计信息的准确性。会计核算理论中的这些核心概念和假设为会计实践提供了坚实的理论基础，确保了会计信息的准确性、一致性和可比性，满足了管理者、投资者、债权人等利益相关者的信息需求。

3. 资产评估理论

资产评估理论描述了资产评估的主体和客体及其权利和义务。资产评估的主体是指资产评估业务的承担者，具体包括资产评估工作的从业人员及由评估人员组成的评估机构。我国的资产评估主体大致可以从以下两个方面进行分类：一是从评估主体的执业范围的角度划分，包括专营性资产评估机构和专项资产评估机构；二是从评估主体的性质的角度划分，包括政府机构、企事业单位、社会团体和个人等。数据资产的评估是一个相对较新的领域，目前数据资产主要由中国资产评估协会等专业机构进行评估。中国资产评估协会定义数据资产是由特定的经济主体（如政府、企业等）拥有或控制，符合法律法规的数据资源。这些数据资源以实体载体或电子形式存储，能够持续发挥作用，并能够为经济主体直接或间接提供经济利益。在评估过程中，需要明确数据资产的具体形式和性质。因为，虽然数据资产在形式上以数据体现，但其实质上可以是劳动对象资产，也可以是劳动工具资产，即存货资产或无形资产（中国资产评估协会，2023）。随着"数据资产是企业核心资产"的概念日益深入人心，企业对数据资产的界定和管理也越来越重视，将数据管理作为企业的核心竞争力，并在可持续发展中战略性规划与运用数据资产（刘云波，2023）。尽管数据资产评估还在发展阶段，但已有相关指导性文件发布，如中国资产评估协会于 2023 年 9 月 8 日下发的《数据资产评估指导意见》，为数据资产价值评估提供了纲领性文件。

在数据资产评估主体的权利和义务方面，《中华人民共和国资产评估法》以及中国资产评估协会发布的《数据资产评估指导意见》中有明确规定，资产评估机构及其评估专业人员有权利依法开展业务，并且其行为受到法律保护。在开展资产评估业务时，应当遵守法律、行政法规的规定，坚持独立、客观、公正的原则①。同时保证执业质量，明确执业责任，以规范资产评估行为。在具体操作过程中，当评估委托人与评估对象的产权持有人不是同一主体时，资产评估专业人员需要通过委托人协调产权持有人配合工作，明确资产评估的对象，如不动产、动产、无形资产、企业价值、资产损失或者其他经济权益②。明确记录数据资产的所有权、收益权、使用权等权利类型，包括数据资源持有权、数据产品经营权、数据加工使用权等，确保来源清晰可追溯。当合并、分立、收购等方式导致权利主体发生变更时，新的权利主体应继续落实数据资产管理责任；公共数据资产的权利主体开放共享数据资产时，会建立和完善安全管理和对外提供的相关制度。在开展数据资产评估业务的过程中，制定详细的数据流通协议，协议中明确了数据提供方和需求方的权利和义务，包括数据的范围、使用方式、保密要求等。关注数据覆盖地域、数据所属行业、数据成本信息、数据应用场景、数据质量、数据稀缺性及可替代性等价值属性。

资产评估的客体，即评估对象，根据中国资产评估协会发布的《数据资产评估指导意见》，是指特定主体合法拥有或者控制的，能进行货币计量的，且能带来直接或者间接经济利益的数据资源。评估对象可以是单项资产也可以是企业总体资产。前者称为单项（分类）资产评估，后者称为综合评估。

根据中国资产评估协会发布的《数据资产评估指导意见》，数据资产被定义为特定主体合法拥有或控制的，能够进行货币计量的，并且能带来直接或间接经济利益的数据资源。这一定义强调了数据资产的三个关键属性：合法性、可计量

---

① 王伟玲. 中国数据要素市场体系总体框架和发展路径研究［J］. 电子政务，2023（7）：2-11.
② 李军. 资产评估基础［M］. 北京：清华大学出版社，2023.

性和价值性。合法性指数据资产必须由其拥有者合法获取和控制，这意味着数据的收集、处理和使用应遵守相关法律法规。合规性是在评估数据资产时，需要考虑数据来源的合法性和数据处理过程的合规性，确保评估对象符合国家法律和行业规范的要求。可计量性指货币计量，即数据资产的价值应能够用货币来量化，这要求评估方法能够将数据资产的潜在经济价值转化为具体的数值，计量标准是评估数据资产时，需要建立一套标准化的计量方法，以便对不同类型的数据资产进行统一和可比的评估。价值性包括直接或间接经济利益，数据资产应能够为拥有者或控制者带来经济利益，其利益实现方式包括数据的应用前景、潜在市场需求以及与其他资产的协同效应。

评估对象包括单项资产评估和综合评估：单项资产评估指对特定的数据资产进行独立评估，如客户数据库、专利数据库等，这种评估侧重于单一资产的价值贡献；综合评估涉及对企业总体数据资产的评估，包括所有相关的数据资源和相关系统，这种评估反映了企业整体的数据资产价值。

评估方法有市场法、成本法和收益法：市场法指各个数据交易主体可以参考市场上类似数据资产的交易价格来评估数据资产的价值；成本法可以通过计算替代或重建数据资产所需的成本来估算其价值；而收益法评估方法，还需要从各个方面实现对数据资产的价值的提升，才能形成市场标准，以便数据资产评估可以基于数据资产预期能够带来的未来收益来评估其价值。在实际应用中，数据资产评估是一个复杂的过程，需要综合考虑数据的质量、数量、相关性、时效性以及法律和市场因素。评估结果对于企业管理、投资决策、并购活动以及合规报告等方面都具有重要的意义。

资产中的数据资产按照存在形态和获利能力进行分类，分为无形资产和单项资产：无形资产是指那些没有物质实体而以某种特殊权利和技术知识等经济资源存在并发挥作用的资产；单项资产是指能带来单一收益的资产。资产评估对象的确认条件与会计准则中资产确认条件高度重合，是必须由经济主体拥有或者控制的，能够给经济主体带来经济利益的资源。

数据资产的基本特征通常包括非实体性、依托性、多样性、可加工性、价值易变性等①。非实体性意味着数据资产无实物形态，虽然需要依托实物载体，但决定数据资产价值的是数据本身。数据的非实体性导致了数据的无消耗性，即数据不会因为使用频率的增加而磨损、消耗（普华永道，2022）。依托性则表示数据必须存储在一定的介质里，如纸、磁盘、磁带、光盘、硬盘等。多样性指的是数据的表现形式多种多样，可以是数字、表格、图像、声音、视频、文字、光电信号、化学反应，甚至是生物信息等。数据资产的信息属性也是其重要特征之一，主要包括数据名称、数据结构、数据字典、数据规模、数据周期、产生频率及存储方式等。同时，数据资产的收益取决于数据资产应用价值以及数据资产的质量，包括数据是否真实、完整和准确，以及数据是否具有可计算和处理的能力②。

二、相关准则

国际会计准则理事会（International Accounting Standards Board，IASB）在2018年3月对《财务报告概念框架》进行修订，这次修订将"不确定性"纳入财务报告的概念框架之中。根据修订后的定义，资产被重新界定为"主体由于过去的事项而控制的现时经济资源"，"现时经济资源"指具有实际或潜在经济价值的资源。现时经济资源是主体在过去通过交易或其他方式获得的，并且主体对这些资源拥有控制权，即有能力直接从这些资源中获得经济利益。修订提到"经济资源指有潜力产生经济利益的权利"，进一步明确了资产的本质，即资产不仅是实物或者现金等有形的资源，还包括了无形的权利，如专利权、版权或商标权等，其能够为主体带来未来的经济利益，因此也被视为资产的一部分。其中一个重大的修订是对资产定义的重新梳理和强调，即资产的确认应当基于三大要素：权利、控制以及经济资源，判断资源是否应当被认定为资产。在资产确认标准强调了相关性和可靠性的会计原则，但不再强调该潜在可能性的概率必须很高，意味着即使某些资产带来的经济利益的可能性不是绝对的。此次 IASB 对资产定义

---

① 王崇虎. 资产评估专家指引第9号——数据资产评估［R］. 中国资产评估协会，2020.
② 德勤，阿里. 数据资产化之路——数据资产的估值与行业实践［R］. 阿里研究院，2019.

的修订重新定义了资产，使其更加符合现代经济活动的特点，将资产的确认条件放宽，把经济收益流入可能性的估计纳入计量范畴。简言之，会计主体可确认一项金额较小的资产而并非完全不确认任何资产。虽然对于常见的各项资产，如存货、无形资产等国际财务报告准则具体准则尚未同步修订，各项具体资产的定义和确认条件并未发生实质性变化，但可以从最新的概念框架修订方向中观察到国际准则制定机构的动向。欧洲财务报告咨询组（EFRAG）也于 2021 年 8 月发布有关无形资产的技术讨论稿，针对财务报告编制者是否能够以及如何提供更好的无形资产信息征求利益相关方意见，并提出了三种改进方法：一是在主要财务报表中确认和计量；二是在财务报表附注或管理层报告中提供关于特定无形资产的信息；三是在财务报表附注或管理层报告中提供可能影响主体未来业绩的着眼于未来的当期费用、风险和机遇因素的信息（季周和李琳，2022）。

我国在数据资产入表的相关准则研究和推进方面开始于 2020 年。2020 年 1 月，中国资产评估协会为了科学计量数据资产价值，发布了《资产评估专家指引第 9 号——数据资产评估》（以下简称《专家指引》），给出与传统资产评估基本方法相似的数据评估的三种基本方法，分别是成本法、收益法和市场法，《专家指引》的出台为数据资产价值评估提供了实践指导，具有重要的理论和现实意义（寿东华，2022）。2023 年 8 月，我国财政部制定印发《企业数据资源相关会计处理暂行规定》（以下简称《暂行规定》），自 2024 年 1 月 1 日起施行，数据资源"入表"更进一步。根据《暂行规定》，数据资产入表是客观的会计核算过程，指将数据规划到公司资产负债表的"资产"项，满足资产确认条件的数据资产即可根据《暂行规定》以实际成本法进行列报与披露。在存货与无形资产开发费用项目中，都新增了"数据资源"条目，显示数据资源的账面价值或符合资本化标准的开支额度。暂行规定主要包含四个内容：适用范围、数据资源会计处理适用准则、列示和披露要求、附则。

第三节　数据资产入表的实际操作流程与关键步骤

一、数据资产确认

首先，"数据权利冲突"的复杂性是导致数据确权难的根本原因。其中涉及采集方式、购买合同、数据内容、加工流程等可能产生合规风险的环节。

1. 数据资源的产权

《数据二十条》完整、准确、全面贯彻新发展理念，以维护国家数据安全、保护个人信息和商业秘密为前提以促进数据合规高效流通使用、赋能实体经济为主线，确立了数据产权、流通交易、收益分配、安全治理四项制度。在具体实践中，解决数据产权的归属问题跳出所有权的思维定式，不纠结于"数据归谁所有"，而聚焦于各项具体的数据权利的归属[①]。首次提出了建立数据资源持有权、数据加工使用权、数据产品经营权等"三权分置"的产权运行机制，构建新型数据产权制度框架（罗玫等，2023）。

2. 数据资源持有权

对于数据持有人和第三方使用人来说，其对数据资源的采集，加工流转运用投入了资本和劳动，衍生数据因而成为具有价值创造的数据资源。按照"谁投入谁受益"的市场原则，其合法权利应当得到法律认可，这些数据的持有和实际控制权应归投入方[②]。基于此，以数据持有权作为数据要素流通中产权界定的起点。

3. 数据加工使用权

数据加工权是指数据资源持有者在相关数据主体的授权同意下或者其他市场

[①] 饶文平. 数字经济治理的根本取向、关键问题和对策 [J]. 湖北省社会主义学院学报，2022（4）：98-105.

[②] 童楠楠，窦悦，刘钊因. 中国特色数据要素产权制度体系构建研究 [J]. 电子政务，2022（2）：12-20.

主体在数据资源持有者和相关数据主体的授权同意下对数据进行加工分析等处理，应用于具体业务场景，从而提升运营效率，创造经济社会效益的权利（孙莹，2023）。在现实经济社会活动中，数据权利的实现最终要落到数据的使用上。数据能够带来的相关收益需要通过数据的使用来获得，数据交易的对象实质上也是使用数据的权利。

4. 数据产品经营权

数据产品经营权是指市场主体在数据资源持有者和相关数据主体的授权同意下对数据进行实质性加工和创造性劳动，形成数据产品和服务对外提供，从而获得经济收益的权利。数据产品的具体表现形式可能表现为软件平台指数模型，算法报告等多种形态。而大多数数据产品或服务中均不同程度地包含了数据、算法和算力三类基本要素（李红光等，2023）。

5. 企业商业模式

从财务角度看，商业模式是指企业获取营业收入，经营利润和现金流量的主要方式。如何为客户创造价值、如何向客户传递价值、如何通过服务客户的过程使股东等利益相关者获得价值，是商业模式的核心要义。商业模式在会计核算中发挥着重要作用，例如，资产的分类、确认、计量和收入的确认方法很大程度上与企业的商业模式有关。首先，商业模式决定着资产的分类方法，同样一项资产应运用于该资产的商业模式不同，可能被分类为不同的项目；其次，商业模式决定着资产计量属性的选择；最后，商业模式还决定着收入的确认方法[①]。

6. 财务核算

分析数据资产化不同阶段的成本和收益、数据的应用场景、交易价格等因素，有助于确定数据资产分类和计量属性，进而确认计量单元、资产列报和披露等（季周，2022）。

从数据资源到数据资产的转变过程，确实可以类比于原油提取及其转化为石油和其他化工产品的过程。这个过程不仅涉及技术层面的挑战，还包括对数据经

---

① 黄世忠，叶丰滢，陈朝琳. 数据资产的确认、计量和报告——基于商业模式视角［J］. 财会月刊，2023，44（8）：3-7.

济价值的发掘和实现，是数据资产化的关键路径。在数据提取和清洗阶段，从大量原始数据中提取对企业有价值的数据，类似于从原材料中提取有用的成分，对提取的数据进行清洗，去除错误和不一致的信息，确保数据的质量和准确性；数据整合和分析阶段，会将来自不同的数据进行整合，形成统一的数据集，提高数据的一致性和可用性，通过数据分析，发现数据中的模式、趋势和关联，为决策提供支持；数据资产确认阶段，根据会计准则，判断整合后的数据是否符合"资产"的确认条件，包括是否为企业控制、预期带来经济利益等，解决资产入表的确定性问题，确保数据资产的确认符合会计原则和标准；数据资产计量阶段，确定合适的资产计量方法，如历史成本、公允价值等，以准确反映数据资产的价值，评估数据资产带来的直接或间接经济利益，包括成本节约、收入增加、竞争力提升等。资产化激励在财务报表内确认数据资产，可以提高企业对数据资产管理和利用的意识，促进数据资产化的进程，制定相应的政策和激励机制，鼓励企业进行数据资产化，提升数据资产在企业运营中的作用。虽然入表可以提供激励，但数据资产化并不严格要求资产必须在表内确认，重要的是数据资产能够为企业带来经济利益。企业应更注重数据资产的实际价值和应用场景，而不仅仅是会计处理。

二、数据资产计量

1. 数据资产评估

数据资产与传统资产评估中涉及的资产类型存在极大不同。目前，国际普遍认为数据资产可归纳为以下 7 个特征：

第一，数据是一种可以被无限次共享的资产。传统的实体资产具有排他性，每个用户拥有的份额会随着用户数量的增多而减少，但数据资产可以进行不限次数的共享，且每次使用都会增加数据资产带来的经济实用价值。值得注意的是，数据共享并不等于数据囤积或数据复制（中国资产评估协会，2022）。前者的表现为拒绝共享数据导致的数据价值流失，后者指对数据进行简单复制而非有效利用。

第二，传统的实体资产价值往往会随着使用次数的增多而逐渐降低，而数据资产恰巧相反。由于数据资产没有内在价值，其价值的评判只与数据的使用次数挂钩，即数据资产的价值会随着使用次数的增多而提升。

第三，时间是数据资产价值的重要影响因素，即"数据保质期"。从时间上看，数据的有效性可以被大致分为 3 个阶段：有效决策期限、决策支持期限和最后有效期限，且每一阶段应有各种对应的运营策略与分析目的。

第四，在项目要求的精准度范围内，数据资产的价值会随着其精准度的提高而提升。当精准度高于该范围时，数据价值会少量增加，甚至不会继续增加；而低于该范围时，数据由于精准度过低而无法被启用，价值几乎可以被视为零（陈徽因和李永刚，2022）。

第五，与其他信息一同使用时，数据资产带来的价值往往能达到事半功倍的效果。例如，当销售数据和库存管理数据一同使用时，其分析结果能够给企业带来更精准的信息和更高效的判断，然而需要注意的是，由于数据资产的标签、格式或数据结构不同，打通多个数据库往往需要大量人工干预、数据翻译及策略训练（陈徽因和李永刚，2022）。

第六，数据并非多多益善。在信息爆炸的大环境中，企业收集的信息往往是呈指数式增长，而大量信息会带来大量噪点。过量收集的数据往往会降低测算模型和分析结论的准确度（陈徽因和李永刚，2022）。同时，处理并储存过量数据会提高存储和运营成本，在无法提供额外收益的同时，导致企业利润下降。

第七，传统的实体资产是可消耗资源，会随着使用逐渐减少。然而，数据资产却不同，使用数据并不会对数据产生损耗，而会因对数据的整理、分析和研究产生更多数据，使其数量和质量不降反增，甚至生成专业的商业模型，辅助企业更高效地完成决策分析。

2. 计量金额影响因素

（1）质量因素：准确性、一致性、完整性、规范性、时效性、可访问性。

（2）应用因素：适用范围、应用场景、商业模式、市场前景、财务预测、供求关系以及应用风险。

（3）成本因素：数据资产从产生到评估基准日所发生的总成本，包括直接成本和间接成本，直接成本主要包括前期费用、建设成本、运维成本。

（4）法律因素：法律法规、政策文件、行业监管等新发布或变更对数据资产价值产生的影响。

3. 价值计量

（1）收益法：是将资产在剩余使用期限内的预期收益，按照一定的折现率折现，计算评估基准日现值，将现值作为资产价值一种计算方法。数据资产的价值也可以通过此种方法计算得到。收益现值法的基本计算式如式（5-1）所示：

$$PV = \sum_{K=0}^{n} \frac{F_k}{(1+i)^k} \tag{5-1}$$

式中，PV 表示数据资产的评估价值（现值）；F_k 表示第 k 年的数据资产预期收益；n 表示数据资产有效使用年限；i 表示收益折现率。

数据资产可以作为经营性资产直接为数据拥有者和控制者产生收益，其价值实现的方式有数据分析、数据挖掘、数据应用等。而且这种价值实现（预期收益）会在企业的经营持续过程中，不断地为企业创造收益利润。收益现值法在评估无形资产过程中优势明显，也已经有成熟的研究理论。目前国内外在研究专利权、商标权、著作权等无形资产的价值评估中大都采用收益现值法。收益现值法可以真实、准确地反映数据资产作为无形资产本金化之后的价格，也可以更好地体现数据资产可以持续为企业带来收益的特性，在投资决策时，有很好的参考价值，也容易被评估双方所接受。

（2）市场法：市场法是指比较被评估的数据资产与已完成交易的同类资产的异同，并且结合数据资产的价值影响因素，如期限、数量等，从而来计算被评估数据资产价值的方法。市场法评估的前提是被评估资产需求量大、类型并且交易频繁。数据资产是新兴资产，开始进行交易的时间比较短，交易资料较少。并且数据资产差异较大，个性化程度高，不同评估对象参考性差。由于历史资料的缺乏，采用市场法评估数据资产的价值难以设定评估基础，结果的准确性也会比较低。在数据资产交易所越来越成熟、越来越规范的背景下，市场法很快也可以成为一种比较可行的数据资产评估方法。

（3）成本法：重置成本法是计算现时重新生产或取得与被评估数据资产具有相同用途的资产时需要的成本价值来作为资产价值的一种方法。但是目前数据资产的取得过程是不可逆的，不可能回到初始状态，所以不存在重新生产，并且数据资产的特点解决了有些指标难以计量，如数据资产折旧。此外，数据资产应用得当可以为企业带来可观的预期收益。因此，成本法很难得到交易双方的认可。因此，一般情况下，重置成本法不是评估数据资产价值的理想方法。

（4）博弈法：目前企业之间及一些交易所经常采用的还包括博弈法（王建伯，2016）。博弈法是数据资产的买卖双方各自所掌握的信息，以讨价还价的方式实现自身利益最大化和风险成本最小化从而确定数据资产的价值。交易双方基于信息不对称，交易过程根据自身掌握的信息进行往复的决策从而达成最终的成交价格看作是不完全信息条件下的动态博弈（郑海平，2021）。但是博弈法不具备推广性，也很难形成规范的数据资产价值评估理论。因此，博弈法在理论研究中不是理想的方法。

（5）层次分析法（AHP）：层次分析法作为目前有效的问题分类法，是由美国著名的运筹学家 A. L. Satfy 等在 20 世纪 70 年代提出的，它是把复杂的问题分成若干个组成因素，并按支配关系分组形成层次结构。然后通过两两比较的方式，综合决策者的判断，确定决策方案重要性的总排序（郭东硕等，2010）。利用层次分析法在对数据资产价值进行评估的时候，需要建立数据资产价值评估模型，从数据资产价值评估维度，设置相关权重，计算出最终价值。层次分析法可以更准确地结合数据资产特性，提高数据资产价值评估模型的合理性和科学性，并提高数据资产价值评估工作的效率。层次分析法结合了定性和定量分析，多维度进行目标决策；层次分析模型主张把复杂的问题（即目标层）分成多个组成因素，并按不同层次之间的支配关系构建层次结构；通过构建判断矩阵，综合了决策者及专家意见判断，确立决策方案重要性的相关权重排序，提高了决策的全面性。

首先，构建层次结构模型。在进行层次分析法的分析时，最主要的步骤是建立指标的层次结构模型，根据结构模型构造判断矩阵，只有判断矩阵通过了一致性检验后，才可以进行分析和计算。其中，结构模型可以设计成三个层次，最高层为目标层，是决策的目的和要解决的问题，中间层为决策需考虑的因素，是决策的准则，最低层则是决策时的备选方案。在本书中层次结构模型是指对数据资产价值有贡献的因素所构建的层次模型，在构建过程中需要考量价值影响因素。可以通过咨询专家、参考文献等方法来考量，层次结构模型是数据资产评估模型构建的基础。

其次，建立判断矩阵。完成构建层次结构模型之后，根据层次结构模型中的指标建立判断矩阵。判断矩阵是表示本层所有因素针对上一层某一个因素的相对重要性。判断矩阵对后续的结果有重要影响，也是层次分析法定量性质的体现。构建判断矩阵可以参考专家意见，由相关专业人员对判断矩阵的要素进行赋值。给判断矩阵的要素赋值时，可以采用九级标度法（即用数字 1~9 及其倒数表示指标间的相对重要程度），这是层次分析法中最常采用的方法，具体标度方法如表 5-1 所示。

表 5-1　层次分析标度方法

标度	定义	含义
1	同等重要	两元素对某属性同等重要
3	稍微重要	两元素对某属性，一元素比另一元素稍微重要
5	明显重要	两元素对某属性，一元素比另一元素明显重要
7	强烈重要	两元素对某属性，一元素比另一元素强烈重要
9	极端重要	两元素对某属性，一元素比另一元素极端重要
2, 4, 6, 8	相邻判断标度中值	介于相邻两标度的中间
上述标度倒数	反比例	元素 i 对元素 j 的标度为 a_{ij}，反之为 $1/a_{ij}$

检验判断矩阵的一致性由于多阶判断的复杂性，往往使得判断矩阵中某些数值具有前后矛盾的可能性，即各判断矩阵并不能保证完全协调一致。当判断矩阵不能保证具有完全一致性时，相应判断矩阵的特征根也将发生变化，于是就可以

用判断矩阵特征根的变化来检验判断的一致性程度。在层次分析法中，令判断矩阵最大的特征值为 λ_{max}，阶数为 n，则判断矩阵的一致性检验的指标记为 CI。计算公式如式（5-2）所示：

$$CI = \frac{\lambda_{max} - n}{n - 1} \tag{5-2}$$

式中，CI 的值越大，判断矩阵的一致性越差。当阶数大于 2 时，判断矩阵的一致性指标 CI 与同阶平均随机一致性指标 RI 之比称为随机一致性比率，CR 的计算公式如式（5-3）所示：

$$CR = \frac{CI}{RI} \tag{5-3}$$

当 CR<0.1 时，即可认为判断矩阵具有满意的一致性。然而，由于在各指标间相互重要性程度大小的判定过程中存在人为主观因素，因此在判断矩阵不能通过一致性检验时，需要对各指标间相互重要性程度重新进行赋值，直至其通过矩阵一致性检验。其最大特征值对应的特征向量即为该指标相对于上一级指标的重要性排序。

最后，进行层次总排序。在通过层次单排序得出各指标相对上一级指标的重要性排序向量后，沿递阶层次结构逐级依次由下往上进行矩阵计算，则可得到各底层指标对最高层的相对重要性权重，从而可对各底层指标的优先次序进行排序找出重点指标并予以特别关注。

4. 价值评估层次结构

考虑数据资产评估模型的构建目标和数据资产本身的特性，那么在应用层次分析法进行数据资产定价时通常会考虑以下因素（李锦狄，2020）：

（1）有效数据量：数据量是交易过程中最直观，也最直接影响数据资产价值的因素。

（2）数据质量：数据质量的评估主要包括数据的准确性、完整性、冗余性和一致性。数据质量的评估应用在数据资产评估各个环节，是对数据整体水平的有效度量。

（3）数据挖掘：大数据技术给商业市场带来的最大的思维变革中，重要的点在于能够通过数据挖掘等方式，实现对目标受众个性化需求的准确定位。结合联机分析、关联规则发现、神经网络、支持向量机、K 均值算法、时间序列聚类分析等数据挖掘算法，可以对数据的价值有更深的了解。

（4）数据成本：数据资产的价值不仅仅体现在数据本身的特性上，企业在数据获取、存储、维护等所支出的费用也应该计算在内。由此构建的数据资产价值评估层次结构如图 5-1 所示。

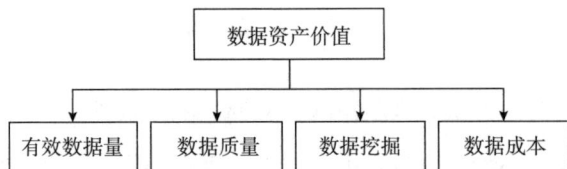

图 5-1　数据资产价值评估层次结构

以高德地图科技公司为例，分析数据资产评估的应用。高德公司通过多年在地理信息领域的积累，可以为客户提供地图大数据服务。包括地图数据加工、多维时空地图数据服务、在线数据交易、空间分析、地图数据可视化等核心业务。这些数据可以应用于智慧城市、招商、保险、房产、通信、农业、环保、水利等领域。高德公司的数据可以在日常用户中收集也会通过专业设备去收集。在本次案例分析中，分析高德公司所积累的全国商铺 POI 位置数据。

进行此单一数据的数据交易时，高德公司可提供全国商铺 POI 地图位置数据根据经纬度坐标搜索周围 500 米范围内商铺数据，返回名称、所属省份、地市、县区、地址、经纬度（WGS84 坐标系）字段，分页获取，每页返回 10 条记录。支持多种数据筛选方式，包括字段查询、地图圈选、点选等，用户可以根据实际需求，有针对性地了解相应信息。

高德公司为用户提供数据资源 API、数据文件、地图数据服务等数据产品。提供数据的支持格式为 JSON，请求方式为 GET，交易的买方可得到的数据参数，为商铺名称、所属省份、所在城市、所属县区、所处地址、电话、距离、所处经度、所处纬度，建筑物区域、公路、水系、绿地、信息点等要素；按照 GIS 行业需求比例尺分三大类：1∶（500～1000）比例尺、1∶2000 比例尺、1∶10000 比例尺地图。数据更新频率为每年，数据均真实有效。企业进行数据交易前，可以抽样对数据质量进行调查，企业也提供数据质量的评估文件。

高德公司所提供的数据，用户可以进行应用的场景包括商业、旅游、物流、电商等。买方企业可用于选址、客流预测，精准营销等用途。此外，利用商铺 POI 位置数据对行业、品牌托底，也更加直观明了。还可以进行企业的竞争者分析、企业的拓展分析。为了提高数据质量，公司引进的一款德国自主拍摄设备 DIY-360 在查询全景相机拍摄的全景照片时可以使用鼠标来控制图像，并且可以随意拖动观看场景 360° 范围内的任意图像，这样的效果无疑会给企业用户带来空间数据直观、可视化，是可视化的高水平体现，对企业客户的进一步应用具有优势。也可以让用户更便捷地使用可视化效果查看数据趋势。高德公司可以提供数据可视化系统，系统可以实现多部门、多类型数据的融合，在系统中可以集成包括地理信息、GPS 数据、倾斜摄影数据、BIM 建筑模型数据、统计数据、摄像头采集画面等多类型数据，在大数据领域，数据集中是数据云计算的基础，可以完成更多的数据挖掘任务，完成更多的数据分析。系统基于三维地理信息，将包括城市街区、地标点、建筑物、机动目标、管线设施等在内的城市全景进行完整呈现，并且单一选择时，可以单一呈现。系统还可以将数据按照时间和空间两个维度进行同步呈现，按数据的时间序列展示，可以大大地方便数据分析人员对数据进行时间序列分析，这样的展示方式可以帮助数据拥有者全面掌控数据变化态势，对数据趋势的分析，可以进行多种算法分析，有更多的数据支撑，也让决策有数可依、更加高效。可以实现数据的机器学习方法包括决策树、规则归纳、基于范例学习、遗传算法和贝叶斯算法等可以在相关软件科学呈现和运算的经典方法。可以实现的统计方法包括回归分析、聚类分析、序列分析、孤立点分析、粗糙集和支持向量机等对数据分析有重要作用的方法。同时，还有行业内针对数据分析的神经网络方法包括前向神经网络、自组织神经网络、多层神经元和径向基函数等这些广泛应用的方法（潘程和陈玉华，2011）。数据挖掘在对数据读取过程中，实现特定算法运算，建立大型模型或解决复杂问题，算法参数设置是否灵活，能否实现定制化，针对服务对象性质服务也可以考量数据挖掘技术。高德的系统还提供数据的可视化展示，包括图形展示和数据走势展示。这些方面都是提高数据挖掘能力的有效措施，也是对数据可视化的建设基础。买方既可以在基础上构建需求模型，实现需求算法，也可以在基础上全面展示数据。高德公司对地图数据的应用和钻研在行业中处于中高水平，收集到的不同数据，既会分类型出售，也会打包销售系统，这种模式可以服务不同等级、不同需求的企业用户，当然也可以使用自身数据来实现公司的转型布局。数据挖掘程度对数据资产的价值有很大的影响。

三、数据资产列报与披露

企业应当按照会计准则相关规定，根据数据资源的持有目的、形成方式、业务模式，以及与数据资源有关的经济利益的预期消耗方式等，对数据资源相关交易和事项进行会计确认、计量和报告。

1. 确认为无形资产的数据资源相关披露

披露主体使用的数据资源，符合《企业会计准则第 6 号——无形资产》（以下简称《无形资产准则》）规定的定义和确认条件的，应当确认为无形资产，并根据取得方式，按照外购无形资产、自行开发无形资产、其他方式取得的无形资产类别，分别披露相应资产的期初、期末余额，以及报告期内的变动情况。

企业应当按照《无形资产准则》《〈企业会计准则第 6 号——无形资产〉应用指南》等规定，对报告期内确认为无形资产的数据资源进行初始计量，初始计量的方法可以选择实际成本法。实际成本指的是企业取得无形资产并使之达到预定用途而发生的全部支出，通过外购方式取得确认为无形资产相关数据资源的成本，成本部分包括购买价款、相关税费，以及直接归属于使该项无形资产达到预定用途所发生的数据采集、脱敏、清洗、标注、整合、分析、可视化等服务所发生的有关支出，以及数据权属鉴证、质量评估、登记结算、安全管理等费用。

披露主体在内部数据资源研究开发项目的支出，应当区分研究阶段支出与开发阶段支出。研究阶段的支出，应当在发生时计入当期损益。开发阶段的支出，披露主体应当按照《〈企业会计准则第 6 号——无形资产〉应用指南》的规定，判断相应数据资源是否满足以下无形资产确认条件：

（1）完成该无形资产以使其能够使用或出售在技术上具有可行性。

（2）具有完成该无形资产并使用或出售的意图。

（3）无形资产产生经济利益的方式，包括能够证明运用该无形资产生产的产品存在市场或无形资产自身存在市场，无形资产将在内部使用的，应当证明其有用性。

（4）有足够的技术、财务资源和其他资源支持，以完成该无形资产的开发，并有能力使用或出售该无形资产①。

（5）归属于该无形资产开发阶段的支出能够可靠地计量。披露主体在对相关无形资产进行后续计量、处置和报废等相关会计处理时，应当充分考虑数据资源相关业务模式、权利限制、数据时效性、有关产品或技术迭代等因素，披露不同类别无形资产后续计量方法；对于使用寿命有限的数据资源无形资产，企业应当披露其使用寿命的估计情况及摊销方法：对于使用寿命不确定的数据资源无形资产，企业应当披露其账面价值及使用寿命不确定的判断依据。

披露主体应当按照《企业会计准则第 28 号——会计政策、会计估计变更和差错更正》的规定，披露对数据资源无形资产的摊销期、摊销方法或残值的变更内容、原因以及对当期和未来期间的影响数。

披露主体应当单独披露对企业财务报表具有重要影响的单项数据资源无形资产的内容、账面价值和剩余摊销期限。

披露主体应当披露所有权或使用权受到限制的数据资源无形资产，以及用于担保的数据资源无形资产的账面价值、当期摊销额等情况。

披露主体应当披露计入当期损益和确认为无形资产的数据资源研究开发支出

---

① 致同会计师事务所. 致同研究之年报分析：研发费用资本化政策的披露示例［R］. 致同研究，2018.

金额。披露主体应当按照《企业会计准则第 8 号——资产减值》等规定，披露与数据资产无形资产减值有关的信息。

披露主体应当按照《企业会计准则第 42 号——持有待售的非流动资产、处置和终止经营》等规定，披露划分为持有待售类别的数据资源无形资产有关信息。

2. 确认为存货的数据资源相关披露

披露主体日常活动中持有、最终目的用于出售的数据资源，符合《企业会计准则第 1 号——存货》（以下简称《存货准则》）规定的定义和确认条件的，应当确认为存货，并根据取得方式，按照外购存货、自行开发无存货、其他方式取得的数据资源存货类别，分别披露相应资产的期初、期末余额，以及报告期内变化的原因。其中，企业通过外购方式取得确认为存货的数据资源，其采购成本包括购买价款、相关税费、保险费，以及数据权属鉴证、质量评估、登记结算、安全管理等所发生的其他可归属于存货采购成本的费用。企业通过数据加工取得确认为存货的数据资源，其成本包括采购成本，数据采集、脱敏、清洗、标注、整合、分析、可视化等加工成本和使存货达到目前场所和状态所发生的其他支出。对于存货，披露主体应当披露主要的存货类别及相应金额，如原材料、在研产品等，并披露发出数据资源存货成本所采用的方法。

披露主体应当披露数据资源存货可变现净值的确认依据、存货跌价准备的计提方法、当期计提的存货跌价准备的金额、当期转回的存货跌价准备的金额，以及计提和转回的有关情况。披露主体应当单独披露对企业财务报表具有重要影响的单项数据资源存货的内容、账面价值和可变现净值。还应披露主体应当披露所有权或使用权受到限制的数据资源存货，以及用于担保的数据资源存货的账面价值等情况。

第六章

数据资产审计：思路与方法

第一节　数据资产审计概述

一、数据资产审计的定义

数据资产作为一项新型资产，其价值在财务报表中是否得到公允反映，事关财务报表预期使用者的利益（陆施予等，2022），意义重大。从审计内容的角度而言，数据资产入表审计包括数据资产实物管理和数据资产价值的审计，其目标在于验证数据全生命周期过程的真实合法合规性以及财务报表数据资产计量反映披露的合法公允性。可以预见的是，随着《企业数据资源相关会计处理暂行规定》《关于加强数据资产管理的指导意见》等文件贯彻落实，未来一段时间内数据资产在社会资产中的比例将急剧上升，数据资产的管理、确权、交易、评估等事务需求必然越来越多。相应地，数据资产入表审计必然成为社会治理、企业管理、投融资等事项的重要管控环节（张骥，2023）。

二、数据资产审计的目标

鉴于数据资产审计内容涵盖数据资产实物管理和数据资产价值的审计两个方面，由此衍生出数据资产审计目标应包括数据全生命周期过程的真实合法合规性，财务报表数据资产计量反映披露的合法公允性，以及数据资产形成的效益性等维度。从财务报表数据资产计量反映披露的合法公允性角度看，审计应确认资产负债表中所记录的数据资产是否真实存在、被确定记录的数据资产是否属于被审计单位、数据资产的成本计量是否准确、被审计单位的数据资产是否入账完整、确定数据资产是否已按照会计准则的规定在财务报表中作出恰当列报等内容（陆施予等，2022）。简言之，现阶段数据资产入表审计的目标概括为数据资产认定的公允适当，包括数据资产形成过程的合法、真实，数据资产安全性等。

三、数据资产审计的范围

数据资产审计的范围包括数据资产入表的主体、对象和内容。学术界关于主体的讨论集中在注册会计师社会审计、政府部门、企事业单位内部审计三类主体。其中，有的学者认为数据资产审计是指注册会计师通过实施审计程序，来确定企业各类数据资产在财务报表中确认的类型、金额、披露层次是否合适。有的认为数据资产审计是在资产管理、交易过程中发生的如数据市场失序、数据安全威胁等反功能行为进行监督和纠偏，以此保证政府数据资产账务处理、资金收支、经济业务的合法有效、真实公允的监督管理行为，数据资产审计的主体是政府监管部门（何雨，2023）。有的学者将数据资产审计视作企业内部审计的一部分，认为企业可以通过开展内部审计工作，对各部门、各价值链、各业务事项的数据进行筛选、整理和分析，从而增强数据资产收集的实效性和数据分析的系统性，发挥其对经营决策和绩效评估的指导支持作用（朱晟，2022）。

就数据资产审计的对象而言，一般认为是被审计单位入表的数据资产。数据资产的形成转化是持续的过程。对单位组织所拥有的处于加工过程或使用过程，但没有或无法参与市场的数据资源，不是数据资产入表审计的审计对象。

在数据资产审计的内容方面，涉及四个核心环节，即确认、计量、列报和披露，涵盖了数据合规审查、资产确权、资产管理、价值评估、成本计量、入表披露等全过程。具体而言，一是数据资产合规与确权审计。审计重点在于数据资产形成的授权链条环节制度和数据形成活动，会检查监督数据资产数据权属是否存在纠纷，是否根据完善的授权链条形成数据，继而从源头上监督检查数据的合规合法。对于政府部门或部分社会组织以公权力方式取得的数据资产，需核查是否存在超权限采集的现象；对于企业主体以市场化方式取得的数据资产，需核查数据资产来源的合法合规性；对于通过后续数据处理加工形成的数据资产，需核查数据来源合法情况、加工处理工具使用情况等；对于数据资产形成期间涉及的合同、授权凭证等关键材料，应对其合法性、合理性和完整性进行调研审查。二是数据治理体制机制与制度设计。这一部分的审计旨在通过对数据管理体制、机制、制度及其流程的审查，检查监督被审计单位是否建立职责明确、分工合作、协调运转的数据资产管理体系，检查被审计单位是否建立确保数据治理的有效性的数据资源目录和血缘分析制度。审计关键点包括：被审计单位是否按照有关规定出台本单位适用的数据资产管理制度和办法；是否对数据资产的采集、加工、入账、使用、后续管理等全过程处理环节的合规性做出明确要求；是否对数据资产管理的主责部门、工作职责、管理流程、内外部控制作出界定；是否按照《数据安全法》和《个人信息保护法》等上位法要求，建立内部数据分类分级安全保护制度；等等。三是数据资产价值审计。聚焦被审计单位确定数据资源的各项成本的可靠性进行审核，重点关注评估范围的全面性、评估程序的适当性、评估方法的科学性和评估结果的公允性，包括：是否结合数据分类、商业应用场景进行经济利益的评估；数据资产清单内容是否存在缺漏、重复以及不合理计量的情况，如叠加增值、加工增值等；数据资产列报与披露是否公允恰当，即是否按照规定增设报表子项目以提升数据资源透明度。四是数据资产风险管理审计。数据资产存在安全风险较高的特点，要审查监督被审计单位针对数据泄密、安全等风险是否建立健全管理制度并遵照执行。需侧重关注被审计单位在数据资产权属控制方面的流程和手段，例如：是否针对某类数据资产进行实时监管；是否采取特定的安全防护手段和技术确保数据资产不被泄露或破坏；对于涉及国家机密、商业机密和个人隐私安全等敏感信息数据是否开展特定的保护举措。

四、数据资产审计的步骤

从实操角度来看，数据资产审计的步骤涵盖审计计划制订、审计目标确认、数据资产识别、审计程序执行以及审计结论撰写等主要步骤。详细来讲，一是审计计划制订部分。相较于一般的审计业务，数据资产的管理、存储、服务方式的特性使得其制订审计计划时，应进行预调研，由专门的审计人员制定专属实施方案，必要时需要借助数据专家的专业指导。二是审计目标确认部分。数字资产审计目标是决定审计内容的方向标，概括来讲，包括数据资产的存在性认定、完整性认定、权利义务认定、计价分摊认定以及列报披露认定。换言之，审计目的在于确认数据资产是否存在、权属是否属于被审计单位、相关账务处理是否合规、成本计量手段是否准确、是否按照要求列报。三是数据资产识别部分。可以综合使用座谈法、现场调研法收集被调研的数据资产信息，识别数据资产的生产者、使用者和管理者，按照一定的标准进一步对数字资产进行分类分级处理，以确定数据资产的审计范围和颗粒度。四是审计程序执行部分。根据既定的审计计划，对于不同数据资产的审计模板进行实质性分析程序和细节测试，并将这一期间形成的审计程序工作记录填写至对应的审计工作底稿中。五是审计结论撰写部分。就数据资产审计过程中的重要事项，与被审计单位相关的管理层和执行层进行必要性沟通。结合沟通结果，将前四个步骤实施结果和审计工作底稿相应记录汇总起来，撰写审计报告，经复核后形成审计结论。

第二节　数据资产审计的权益识别

明晰合理的产权界定是判定数据资产价值的前提，是数据要素市场化配置的保障。当前，数据产权界定的难点在于是以效率为首位还是以保护数据权益为本位。数据产权是一种在确保数据主体权益最大化的前提下实现资源配置效率优化的方案，其实质是对不同数据要素权利配置方案，主要分为数据所有权、收益权、转让权、处置权、隐私权和许可权等。

一、基于主体的数据权益分析

1. 数据资产的参与主体

数据资产的生成和价值创造过程变得日益复杂和多元化。每个参与主体在数据资产的生成和价值创造过程中都扮演着重要的角色，并且都有合理的理由去追求对数据资产的权益。

（1）数据生产者：直接生成或提供原始数据的个人或组织，其劳动成果和隐私权需要受到保护。关于数据产权的分配应当明确地通知数据生产者，并且获得他们的同意。

（2）数据处理者：通过各种技术和方法对数据进行整理、分析和加工，其期望获得对其技术投入的回报，认可并奖励数据处理者的贡献，以激励更多的技术创新和数据处理工作。

（3）数据使用者：利用处理后的数据进行决策支持、产品开发或服务优化等，从而实现数据的价值转化，合法地使用数据以实现商业目标。数据使用者应支付合理的费用、遵守数据使用协议以及尊重数据主体的权益。

因此，将数据资产产权单一地赋予其中一个参与主体，不仅忽视了其他主体的贡献和权益，也不符合数据资产生成和价值创造的多元性和复杂性。要根据数据的来源和参与主体的不同角色，建立综合考虑各方利益和贡献的产权分配机制，分别进行产权的界定。

2. 数据权利的分类

数据权利可分为数据人格权与数据财产权，并借鉴自物权—他物权和著作权—邻接权的权利分割模式，将数据财产权分为数据所有权（自物权）和数据定限物权（他物权）。其中，数据所有权又可以细分为数据存储权、数据使用权、数据收益权和数据处分权；数据定限物权细分为数据用益权（开发权）和数据抵押权。

数据所有权是指数据的拥有者对数据享有的全面控制和支配权，这包括了以下四个方面：

（1）数据存储权：对数据存储位置和方式的决定权。

（2）数据使用权：包括数据的控制权及授权他人使用的权利。

（3）数据收益权：对数据的使用获得经济利益的权利。

（4）数据处分权：决定数据以转让、销毁或以其他方式处理的权利。

数据定限物权是指在不侵犯数据所有权的前提下，授予他人特定的权利，这些权利可以是：

（1）数据用益权：指使用数据进行开发和创新的权利。

（2）数据抵押权：指将数据作为抵押物，用于担保债务或其他义务的权利。

通过以上细分，能更精确地界定各方在数据交易和使用中的权利和义务，从而促进数据的合理流通和有效利用，同时也保护了数据所有者的权益。根据数据资产分类，不同的数据类型对应不同的经济属性和权利属性，相应权利分配和重点关注内容各有侧重。

二、基于过程的数据权益分析

数据价值涉及多个主体在不同阶段的参与和贡献。这个过程可以被看作是一个链条，其中在数据资源汇集阶段，数据资源所有权归属于数据来源者，数据处理者对收集、存储数据资源可依法依约享有数据资源持有权，若数据持有者是依法依规持有的数据，则享有进行自主管控的权益；在数据集合阶段，用户可以将数据资产账户交信托机构托管，由信托机构代表用户与数据处理者订立数据许可使用合同，数据处理者可依约取得数据集合的加工使用权。数据使用权而非数据所有权的流转才是未来数据产权交易的主流模式，要不断完善数据使用权登记制度；在数据产品阶段，基于数据集合的加工使用权，数据处理者可从数据集合中开发、衍生出数据产品，并对数据产品享有独立的所有权，得自主经营数据产品并享有收益，主要包括占有、使用、收益和处分四项权能。数据产品所有权既可基于数据所有权或用益权的行使而原始取得，也可基于债权契约而继受取得（申卫星，2023）。

在整个数据价值形成的链条中，每个参与者都根据其专业技能和角色定位，为数据价值的最大化做出了不同程度的贡献。不同主体之间的协作和信息共享是至关重要的，它确保了数据能够顺利地流动，并在每个阶段都被有效地加工和利用，最终形成对个人、企业乃至社会都有益的数据产品。

第三节　数据资产审计风险评估

一、数据资产审计风险识别

审计人员应该确认企业数据真实性、明确企业数据有效性、判断企业数据安全性，降低数据资产从采集、储存和流转过程中可能存在的风险。确认企业数据真实性要求数据真实，要求数据能够追根溯源、有据可依。审计人员可经由建立企业的业务循环，自下而上寻找数据对应的交易与事项，统筹信息数据和审计活动，运用应用控制中的各项手段，结合企业的规模和特点和先进的科学技术对数据产生、存储、运输及运用的全过程进行监督、记录和调查，实现信息化审计的全流程跟踪（邱扬，2021）。

具体而言，首先进行数据资产调研。梳理结构化数据资产（如数据库表等）和非结构化数据资产（如图表文件等），摸清数据底数，输出数据资产清单。涉及范围包括但不限于生产环境、测试环境、备份存储环境、云存储环境、个人工作终端、数据采集设备终端等收集和产生的数据。调研内容包括但不限于：

（1）数据资产情况，包括数据资产类型、数据范围、数据规模、数据形态、数据存储分布、元数据等；

（2）数据分类分级情况，包括数据分类分级规则、数据类别、数据级别、重要数据和核心数据目录情况等；

（3）个人信息情况，包括个人信息种类、规模、敏感程度、数据来源、业务流转及与信息系统的对应关系等；

（4）重要数据情况，包括重要数据种类、规模、行业领域、敏感程度、数据来源、业务流转及与信息系统的对应关系等；

（5）核心数据情况，包括核心数据种类、规模、行业领域、敏感程度、数据来源、业务流转及与信息系统的对应关系等；

（6）其他一般数据情况。

其次进行数据资产风险识别。数据从形成到消亡的全过程可根据数据生命周期理论，分为数据的采集、存储、处理和交易、维护和更新四个不同环节进行风险识别。

（1）数据采集阶段，不同组织对数据采集的战略、方法、规定不同，从源头上来说，所采集数据的合法合规性、真实性和有效性都是审计人员在审计时应重点关注的方面。企业在采集个人信息时可能涉及敏感隐私信息或被采集信息者未许可的信息，事前并未对个人信息进行保护影响评估，存在一定的侵权风险，采集的信息有可能构成重大错报风险。审计人员应审计数据的采集是否合法合规，有无侵犯被采集信息一方的数据的合法权益。同时，数据采集规定和战略是否得到有效的执行，操作人员应避免重复采集造成的成本虚高和数据质量下降，数据的质量应符合相关规定的最低标准。

（2）数据存储阶段，数据所具有的载体性决定了数据需要一定的载体储存。加工后的数据是否满足数据质量的规定，存储成本是否得到合理控制和监督，如果企业是算力、网络等关键信息基础设施运营者，其在境内所收集产生的信息应当在境内储存。从审计风险来看，存储的信息质量、存储成本都存在一定的错报风险。审计人员应有目的地取阅企业存放的数据，评估提取的数据质量，对存储数据的载体设备进行有目的的抽查，评估数据存储是否合理、是否存在浪费载体成本的行为，并从部分对比采集阶段所采集的数据，评估数据存储的完整性和有效性。

（3）数据处理和交易阶段，数据的处理和交易阶段处于采集存储和维护更新的中间阶段，确权、价值评估、交易规范等问题在数据最重要的阶段在一定程度上阻碍了数据的发展。《个人信息保护法》明确规定了个人信息处理者的合规审计义务。该法第五十四条要求，涉及个人信息处理业务的政务服务实施机构"应当定期对其处理个人信息遵守法律、行政法规的情况进行合规审计"。在处理和交易时，可能存在数据资产所有权不明确、不合规的风险；价值评估可能存在评估方法不适用、评估方法未更新，不符合组织状况的风险；交易中可能存在不遵守交易规定、交易价值和实物价值不符等风险。针对上述风险，在数据资产所有权问题上，应该形成产权分配制度、数据权力登记制度，审计人员审计记录在案的数据资产时有迹可循，并应关注数据资产的法律属性（企业拥有或控制）和经济属性（未来带来经济利益流入）是否得到满足，并运用职业判断界定数据资产所有权是否合规。在价值评估上，审计人员应关注被审计数据资产采用的价值评估方法的合适性和数额的准确性以及操作流程的合法合规性。每年摊销或重置价值的合理性、准确性、合规性。交易方面，数据资产交易应符合相关规定和制度，价格应当公允，交易记录在案，审计人员对数据交易的完整性和价值的一致性应进行审计，并运用职业判断做出符合数据特征的判断。

（4）数据维护和数据更新阶段，数据因为其增值属性而导致其价值并不常年稳定在一个水平上，随着数据的不断维护和更新，数据价值也会得到更进一步释放。数据维护要求定期删除销毁过期数据资产、监管数据资产形成状况、强化数据资产的元数据管理等。数据维护可能存在未完全销毁过期数据、数据资产所有权到期、数据资产增量增值未公允反映等风险。针对上述风险，审计人员应审计其数据资产是否满足定期销毁，销毁结果是否达到数据资产维护目的，销毁过程和监管流程是否符合规定，监管制度的制定是否合理、是否得到有效执行。电子数据保存时间是否符合《电子商务法》第三十一条中自交易完成之日起不少于三年的规定。数据更新后带来的价值增值应合理反映在价值评估上，审计人员应关注因更新带来的成本增加、价值增值是否在账面上得到如实反映。更新和维护阶段可以看作是价值得到释放的一个阶段，也可以看作是采集和存储的再发生阶段，维护和更新带来的采集、存储成本也应按照数据采集和存储的审计模式进行审计，数据资产的所有权和价值评估的准确性、合法性、适用性也应被再一次确认。

二、审计风险识别的技术与工具

基于知识图谱技术的数据资产风险识别与评估，首先利用知识图谱技术构建一个包含数据资产信息的知识图谱。这包括数据资产的属性、关系、归属部门、使用权限等信息。然后通过数据抽取、数据清洗、数据集成等技术，将各种数据源中的数据整合到知识图谱中。根据《数据安全风险评估办法》（征求意见稿）中风险类型包括数据泄露风险、数据传输风险、数据破坏风险、数据丢失风险、数据滥用风险等，在知识图谱中定义数据资产的风险类型，并将其与知识图谱中的数据资产相关联。

根据以上数据生命周期中的采集、存储、处理、交易、维护和更新的不同阶段，通过知识图谱中的数据资产信息和风险指标，对数据资产的风险进行识别和分析。可以利用数据挖掘和机器学习技术，对数据资产的属性、关系等进行分析，发现潜在的风险因素。

三、审计风险的量化及评价方法

对识别出的风险进行评估，并根据风险指标的权重和重要性，对风险进行优先级排序。基于多准则决策分析方法对数据资产进行风险评估，使用消去与选择转换法来进行多准则决策分析。使用的四个风险评价准则，分别是数据价值、数据重要性、风险源危害程度、风险发生可能性，使用多准则决策分析方法得到数据资产风险评估结果。

首先，得到评价决策矩阵 $X_{4 \times w}$，其中 w 表示风险总数。x_{ij} 为矩阵元素，表示第 i 个风险第 j 个准则得分。进一步地，将评价决策矩阵进行归一化处理，得到 4×w 阶的标准化矩阵 X。再进一步地，确定五个风险评价准则的影响权重，并将影响权重代入标准化矩阵，得到加权决策矩阵 B，其中，a_{ij} 为矩阵元素，表示第 i 个风险第 j 个准则的加权得分，其计算公式为 $a_{ij} = x_{ij} \times l_j$，式中，$l_j$ 为第 j 个准则的权重。其次，根据消去与选择转换法的和谐性矩阵和不和谐矩阵确定综合性支配矩阵 E，反映不同风险多准则融合决策下综合效果情况。最后，根据综合性支配矩阵将漏洞威胁按照从大到小进行排序，给出安全风险评估结果。

基于知识图谱技术的数据资产风险识别、分析与评估可以更加准确、全面地帮助企业了解和管理数据资产的风险，从而提高数据资产的安全性和价值。

第四节 数据资产审计价值评估

一、数据资产审计价值确认与计量

基于数据资产入表的过程和相关准则，根据数据资产的不同使用场景和应用模式进行价值确认与计量的审计。在信息化时代，传统的资产负债表框架没有针对性包容众多新兴的企业资源和企业活动，为避免套用已有准则使会计处理失真造成财务信息混乱、不可比较的现象，可单独设置"数据资产"科目对企业数据资源进行会计确认。参考学者罗玫、李金璞和汤珂在《企业数据资产化：会计确认与价值评估》① 一文中的研究成果，将不同类型的数据资产价值确认和计量处理要求梳理如下：

（1）对于开发数据产品进行销售或售卖数据服务的数据资产，依据《企业会计准则第 1 号——存货》，企业在日常活动中以出售为目的持有的产品、处在生产过程中的产品、在生产过程或提供服务过程中消耗的材料等都被确认为存货。如果企业利用外购数据或自行收集的数据开发出用于销售的数据产品，这些待售的数据产品符合存货的定义，但数据产品不符合存货可量化、可计数盘点、有限的特点，也不符合通常存货有形的特点。可考虑两种方式对开发待售数据产品或售卖数据服务进行计量。

1）单独设置"数据资产"科目，按照无形资产确认规则进行会计确认。针对开发待售数据产品或售卖数据服务过程中花费的成本，包括服务器租赁费、员工工资报酬、原始数据购买费等计入无形资产的成本。按照这些成本对应的产品和服务的可售卖年限，每年对无形资产进行摊销，摊销费用归类为营业成本。如果花费的成本对应的数据产品或数据服务的收入只能维持在短期内（如一年内）获取，或者未来收益具有强烈不确定性，这些数据产品的成本支出不能成为资产，应该在当期计入费用，降低利润。

2）数据资产化进入"存货"科目，按照存货确认规则进行会计确认。针对开发待售数据产品或售卖数据服务过程中花费的成本，计入存货这个科目。理论上，存货应该在一个经营周期内卖掉或消耗掉，数据产品时效性太强，所以尽管开发出的待售数据产品可以销售一年以上，相应的存货成本应该在第一个销售周期转为营业成本。把数据产品确认为存货的企业有数据仓，它是以开发数据产品

---

① 罗玫，李金璞，汤珂．企业数据资产化：会计确认与价值评估［J］．清华大学学报（哲学社会科学版），2023，38（5）：195−209+226.

和提供数据服务作为商业模式的"数据业务化"企业，该企业持有具有自主版权的图像数据、语音识别数据及自然语言理解数据，为需求端提供按语种、标注方式等分类的多样化的产品，客户可索取样例并咨询购买。

存货一般按照可变现净值与成本孰低法计量。数据产品的可变现净值指预期销售价值减去相关处置的销售费用。理论上，存货应该在一个经营周期内卖掉或消耗掉，而且待售数据产品的时效性很强，如果一个经营周期以上还不能完成销售，存货可变现净值很可能低于成本，需做存货减值准备，把相应差额计入利润表的损失。因此，数据开发成本直接转为营业成本而不是计为存货是更为谨慎和简洁的会计处理。

数据产品成本的衡量与数据价值链增值过程密切相关：对于以转售业务为主的数据经纪商，其存货成本主要包括服务器租赁费用、购买数据的费用、劳动者报酬等；对于物联网企业，存货成本需要考虑数据的采集、传感器的生产和布置及获取采集许可所支付的费用等；对于人工智能服务类企业，还需纳入数据分析和应用环节的中间投入成本等。如果企业在提供数据产品的过程中不对其进行控制，而只是提供相关服务，该服务对应的支出不能计为无形资产或存货。例如，提供交易撮合服务的数据中介、提供存储管理服务的服务器商、提供商业分析服务的咨询商以及提供数据审计服务的登记机构等，他们应按照《企业会计准则第14号——收入》确认当期收益。

（2）对于自行开发数据以支撑企业战略和经营活动的数据资产，企业可以长期开发数据以支撑自身的战略和经营活动，以企业经济业务增值为目的。企业对自身数据或外购数据开发应该从最开始进行立项，所有支出区分研究阶段支出与开发阶段支出。研究是指为获取并理解数据内涵而进行的有计划调查、行业咨询、数据清洗和分析工作。开发是指在进行商业性生产或使用前，将研究成果或其他知识应用于数据开发活动，以生产出新的或具有实质性商业改进的数据模型或数据产品等。研究阶段是探索性的，为进一步开发活动进行资料及相关方面的准备，已进行的研究活动将来是否会转入开发、开发后是否会形成无形资产等均具有较大的不确定性。企业自行开发数据过程中在开发阶段的费用支出，只能在形成的数据成果达成使用或出售的目的，才能确认为"数据资产"，在研究阶段的费用支出不能形成无形资产。因此，在有足够的技术、财务资源和其他资源的支持下，完成数据开发并有能力使用或出售之产生的经济利益，才能计为无形资产。随后企业需要估算数据资产的寿命，即带来未来经济收益的年限，对数据资产进行摊销，摊销成本计入当期费用。

（3）对于在数据平台上以不持有的方式使用或经营数据的数据资产，出于隐私保护需求，企业在数据交易平台或计算平台购买数据使用权或经营权构成运用数据产生收益的一大场景。当外购的数据使用权或经营权具有一定的排他性，企业通过数据可以获得其他企业不能获得的经济收益，可以单独设置"数据资产"科目，按照无形资产确认规则将购买使用权或经营权的所有相关支出确认为资产。随后按照此无形资产创造的未来收益的年限，逐年摊销至费用。若该项使用权或经营权带来的未来收益尚不能确定，如购买数据以服务于企业自行开发数据的研究阶段，或者该项使用权或经营权带来的收益只能在一个经营周期中体现，则将购买的使用权或经营权的支出费用化，不计入资产。

结合《审计工作底稿编制实务之指南》① 文件要求，审计师应当根据数据资产计量或披露所采用的估值方法设计计价认定的实质性程序。对数据资产计价认定实施的实质性程序通常包括：

（1）检查买入价格的支持文件；

（2）向数据资产的持有者或交易对方进行函证；

（3）对按照公允价值计量或披露的数据资产，获取支持其公允价值的证据。

如果被审计单位使用估值模型估计数据资产的价值，审计师可以通过下列程序，测试运用模型确定的公允价值的相关认定：

（1）评价估值模型的合理性和适当性；

（2）使用自身或专家开发的估值模型进行重新计算，以印证公允价值的合理性；

---

① 审计工作底稿编制实务指南［EB/OL］.［2024-06-07］.https：//www.cicpa.org.cn/xxfb/tzgg/202201/W020220120411482658012.pdf.

（3）将被审计单位估计的公允价值与最近交易价格相比较；

（4）考虑估值对变量和假设变动的敏感性。

审计师应当通过对下列事项的判断，评价数据资产的列报（包括披露）是否符合适用的会计准则和相关会计制度的规定：

（1）选用的会计政策和会计处理方法是否符合适用的会计准则和相关会计制度的规定；

（2）会计政策和会计处理方法是否与具体情况相适应；

（3）财务报表（包括相关附注）是否提供了可能影响其使用和理解的事项的信息；

（4）披露是否充分，以确保被审计单位完全遵守适用的会计准则和相关会计制度对披露的规定；

（5）财务报表列报信息的分类和汇总是否合理；

（6）财务报表是否在能够合理和可行地获取信息的范围内列报财务状况、经营成果和现金流量，从而反映相关的交易和事项。

二、数据资产审计确认与计量技术

数据资产评估需要关注影响数据资产价值的成本、场景、市场和质量等因素。成本因素包括形成数据资产所涉及的前期费用、直接成本、间接成本、机会成本和相关税费等。场景因素包括数据资产相应的使用范围、应用场景、商业模式、市场前景、财务预测和应用风险等。市场因素包括数据资产相关的主要交易市场、市场活跃程度、市场参与者和市场供求关系等。质量因素包括数据的准确性、一致性、完整性、规范性、时效性和可访问性等。

根据《中国资产评估协会数据资产评估指导意见》第19条：确定数据资产价值的评估方法包括成本法、收益法和市场法三种基本方法及其衍生方法。

（1）成本法通过计算数据资产产生过程中发生的各项成本实施估值，包括人力成本、开发投入、载体成本等相关支出。但其基于历史发生额进行估计，对于数据资产这种更新迭代快、使用价值变化幅度大的资产来说，成本法则会有易低估其价值的弊端。此外，数据资产具有"叠加增值、加工增值"的特点，成本法不能准确估计其真正价值。

（2）收益法基于明确应用场景并满足稳定市场需求，存在明确收益路径。如果数据资产预期收入平稳且可为货币计量，时效性可以预计，则采用现金流折现法对数据资产进行估值。

（3）在成熟数据资产交易市场的体系下，市场法的估值则代表了从公允价值出发的价值估计思路。当数据资产被交易时，可类比市场上同类型数据、同类型企业的数据资产交易价值，从而对比出待评估的数据资产价值。

《中国资产评估协会数据资产评估指导意见》第20条要求审计人员应根据数据资产所处环境和条件选择适用的评估方法，第21条、22条、23条分别对收益法、成本法、市场法的应用做了相关规定。三者并没有绝对的适用条件，因其各有弊端的影响需会计人员灵活选取适用的评估方法。

（1）收益法基于的未来应用前景难以预计，其现金流的稳定性得不到足够保证，收益期间是否为合法拥有所有权期间。

（2）成本法的相关构成如人工成本、相关税费、加工费用等可能并不代表数据资产的真实市场价值，易发生低估数据资产风险。调整系数基于所在企业的类型和其数据的应用偏向，权重系数不可一概而论。

（3）市场法基于成熟、交易频繁、具有参考性的数据市场，在公允价值计量体系中具有最接近真实价值的优势，但目前数据资产尚处于起步阶段，交易类型和交易数量较少，市场尚不成熟，很难找到可类比的市场案例。

执行数据资产评估业务的资产评估专业人员应当根据评估目的、评估对象、价值类型、资料收集等情况，分析上述收益法、成本法和市场法基本方法的适用性，选择评估方法。在数据资产的价值评估方面，要充分考虑数据资产存在"叠加增值、加工增值"的特点（张骥，2023），审计人员要更加准确地监督数据资产估值评估方案，为数据资产核查提供更加准确的数据信息，重点审查价值评估方法选择的合理性。若仅考虑以历史成本为基础对数据资产进行评估，则可能严重低估数据价值，并不符合数据资产特点。采用市场法评估时应当考虑市场的成熟性、活跃性，同类型企业、数据资产类型的可比性，数据数量的可靠性和对于待评估数据资产的适用性，是否符合《中国资产评估协会数据资产评估指导意见》第 23 条。采用多种评估方法时，企业应当披露所用相关方法，以及年限、摊销等具体数据。企业应当按照相关企业会计准则及本规定等，在会计报表附注中对数据资源相关会计信息进行披露。

这里重点介绍两种数据资产价值评估方法。一是模糊综合评价法，即首先通过传统的成本法评估数据资产的成本价值。数据依托于数字技术，其价值逐渐被挖掘凸显。在数据收集处理分析过程中涉及收集、清洗、储存、维护、运行等大量实施成本和运营成本，且在数字化初期需要大量数字基础设施以及人力物力的投入。成本法在数字化建设初期的应用性较强，但资产价值与成本具有弱对应性，即资产的价值会在使用过程中得到提升，成本价格却不能及时反映这种变化，且会低估数据资产的价值。所以，成本法用于评估数据资产价值时要重点考虑成本和价值之间的关联程度，以便及时对数据资产的估值进行调整。此外，基于组织符号学理论所建立的数据资产影响因素评价指标体系，从主观性、场景性、目的性三个方面，运用层次分析法和模糊综合评价，计算评价指标体系中各指标的权重，进而计算数据资产的调整系数，对成本法的结果进行修正，得到更加具有参考性的评估结果。二是数据血缘分析法。数据资产血缘是指数据资产从产生、加工、流转，一直到消亡的血缘关系，是对数据资产在系统内、系统间、业务线之间的流动和转换过程的记录，通过这份记录可以追溯数据的源头，跟踪数据资产的流转历史，查看数据资产在某一时刻的状态，寻找数据资产的最终去向等。数据资产血缘关系能详细记录数据资产的出发点、每一个途径点和最终的目的，梳理数据资产全生命周期中的来源及路径，为实现数据资产价值评估提供技术方法。

三、数据资产审计列报与披露范围

数据资产审计列报与披露范围是指审计活动中需覆盖的领域和内容，以确保企业对外公开的数据资产管理情况是准确、完整且符合相关法规要求的。包括如下内容：

（1）策略与政策：企业的数据管理策略、政策和标准、解释向外界披露相关的数据资产信息的情况；

（2）数据识别与分类：敏感数据和关键信息基础设施辨识；

（3）数据存储与保护：数据的存储位置、访问控制以及保护措施的有效性和合规性；

（4）数据使用与共享：数据的使用目的、共享机制及其管理方式；

（5）数据质量：数据资产的准确性、一致性、完整性、规范性、时效性和可访问性；

（6）风险评估：数据泄露、滥用、丢失或损坏等潜在风险；

（7）合规性审计：企业的数据处理和报告，是否符合 GDPR、HIPAA、CC-PA 等；

（8）影响评估：数据管理活动对个人隐私及组织运营的潜在影响情况；

（9）监控与应对措施：企业有效地监控系统跟踪数据资产的状态的情况和应对措施；

（10）记录和文档管理：企业记录和文档化其数据管理活动情况，包括决策过程、异常事件的处理以及变更管理；

（11）数据资产清单：数据种类、来源、存储位置、使用方式和保护措施等；

（12）合规性声明：指出企业在数据管理方面遵守的法律法规要求，并提供相应的合规性证明；

（13）价值和效益分析：数据资产对企业的价值贡献，以及通过优化数据资产的管理和使用所带来的效益；

（14）关键业绩指标：数据准确性、访问速度、用户满意度等；

（15）管理和治理结构：负责数据资产的团队、角色分配、职责和决策流程；

（16）改进计划和进度：当审计过程中发现了问题，应列出企业计划采取的改进措施及其实施时间表；

（17）监督和复评安排：企业持续监督数据资产管理的后续工作安排，以便后续定期进行审计或复评以确保持续改进；

（18）利益相关者沟通：企业与内外部利益相关者就数据资产管理事宜进行的沟通和协作。

在披露这些信息时，企业必须确保遵守所有适用的隐私法律和行业标准，防止敏感信息的泄露。此外，披露应当以清晰、准确、及时的方式进行，使利益相关者能够充分理解企业的数据资产管理状况。

第七章

案例研究

第一节 南京钢铁股份有限公司①

一、案例背景

南钢集团始建于 1958 年，是中国特大型、江苏省重点钢铁企业。2016 年创新"JIT+C2M"模式，同时启动工业互联网建设，构建实时可靠、安全共享、智慧决策的内部智慧工厂和外部全链路价值循环的产业运营生态。2020 年，依托大数据、AI 云计算、5G 通信等新一代信息技术，自主设计、研发、建设了专业深加工高强耐磨钢的"5G+工业互联网"智能工厂，率先推行 GMS 产业互联平台。2021 年，南钢智慧运营中心建成投用，基本实现业务数字化。

南京钢铁股份有限公司（以下简称"南钢"）是南钢集团子公司，2000 年在上海证券交易所上市。公司积极响应国家"十四五"高质量发展规划要求，秉承"创建国际一流受尊重的企业智慧生命体"的企业愿景，贯彻新发展理念，聚焦"绿色、智慧、人文、高科技"，瞄准制造业升级、进口替代机会，把握工业互联网发展浪潮，掌握智能制造核心技术，构建以"钢铁为核心+战略新兴产业"的相互赋能的复合产业链生态系统，将公司打造成为具有全球竞争力的先进材料智造商。

南钢聚焦高水平科技自立自强，设立人工智能研究院和数字应用研究院等，启动"人工智能百景千模"专项行动，深化 IT 与业务协同创新，打造人工智能融合钢铁业务场景的新模式。南钢开展数据资源应用场景分析与资产价值评估工作，明确以"数据+模型"为载体的数据资产入表路径，将数据资产管理融入"智改数转网联"项目管理的全过程，以财务资产管理要求规范数据产品开发建设，引入数据资产价值评估、成本归集管理机制，并倒逼数据要素价值量化和数据应用体系完善，进一步驱动数字化走深向实。2024 年第一季度 A 股上市公司

---

① 案例来源：南京钢铁股份有限公司。

中，南钢股份成为首家数据资产入表的钢铁行业上市企业，截至 2024 年第三季度累计入表 500 万元。

二、方案路径

（一）数据资源背景

1. 目标与规划

南钢坚持"一切业务数字化，一切数字业务化"的数字化转型战略，当前数字化转型已迈入"一切数字业务化"第二阶段，作为较早启动数据治理的企业，南钢已具备了良好的数据管理基础。通过数据要素赋能，能够更加科学、高效、合理地实现韧性生产经营模式，以最快的响应速度、最安全便捷的方式向上下游企业提供深层次的个性化服务，有效缩短与供应商、客户之间的协同距离，提升整个产业链的竞争力。因此，挖掘并放大"数据要素×"的倍增效应，深入落实国家"人工智能+"行动，释放数据作为核心生产要素的巨大潜能，全面赋能新型工业化，发展新质生产力，成为南钢数字化转型新阶段的目标。

数据资产体系化建设及入表可以有效计量评估数据资产价值，验证南钢数字化转型成果，量化"百景千模"创新下的数字化转型成果。将数据资源及数据产品等数据资产纳入公司资产负债表，能够更加客观全面地反映公司资产结构，是将数据要素列为新型生产要素的实际行动。因此，南钢要建立完善的数据资产管理体系，形成合规的数据资产入表规范，完善数据应用的价值评估和数据要素价值分配体系，促进数据资源价值挖掘和使用，激活数据的价值创造。

2. 项目背景

紧跟国家数据要素发展步伐，开展数据要素价值创造实践探索。自 2022 年 12 月中共中央、国务院"数据二十条"发布以来，财政部、国家数据局等部门陆续出台了一系列顶层设计和重大政策措施，数据要素资产化进入了快速发展期。数据已成为继土地、劳动力、资本、技术之后的第五大生产要素，以数据资源为关键要素的数字经济已成为我国经济高质量发展的新引擎。

数据要素已成为钢铁行业向高端化高质量发展的新动能。钢铁工业产业链条长、具有良好的自动化和研发设施，拥有天然数据资源优势。然而钢铁工业为大型复杂流程工业，由原料到产品经过炼铁—炼钢—轧制—热处理等漫长的冶金过程，除表观参数外，钢铁生产诸多环节的内部运行状况仍为无法直接观测的"黑箱"，尚不能做到单元间的界面无缝、精准衔接，以及全局一体化的精准智能决策。当前，钢铁产业链下游行业整体增速放缓，向高端化高质量发展成为钢铁行业转型升级的新要求。利用数据科学和数字技术，以数据驱动的数实融合，为钢铁行业解决"黑箱"问题、钢铁产业转型升级提供新动能。

3. 组织体系

作为南钢"一把手工程"，为了扎实合规推进数据资产入表工作，2024 年 3 月南钢正式成立了数据资产化领导组，由党委书记、董事长黄一新担任领导小组组长，下设由财务部和数字应用研究院联合组建的数据资产管理办公室，负责数据资产整体工作推进、相关标准和流程研究制订以及日常数据资产运营管理等。2024 年初发布了《南钢数据资产管理规定》，确保数据资产建设过程的有效管控和会计合规处理，推进资源保障。在各级领导的协同推进下，各业务领域均成立了数据资产专项推进小组，充分发挥工艺专家、设备专家、数据管理专家、财务专家的专业能力，建立了从上至下、覆盖公司各领域的数据资源管理组织。

（二）数据资源识别

1. 存量典型数据应用场景盘点

在数据资产入表管理过程中，南钢全面解读、研讨"数据二十条"、财政部《企业数据资源相关会计处理暂行规定》（以下简称"暂行规定"）等国家层面数据资产相关政策，紧扣数据来源可靠、合法拥有或控制、预期带来价值流入等数据资产关键特征，与地方主管部门、会计师事务所、前沿研究机构、高校专家等多方探讨，明确了"数据资源→数据资产→数据资本"的演进路径，形成了具有南钢特色的数据资产入表建设思路、管理规范，奠定了理论及规范基础。

基于已有的数据资源盘点及治理经验，南钢对存量典型数据应用场景进行了系统化的调研盘点及全面剖析。南钢数据资源形成方式包括生产与经营管理过程中产生的、客户交易及服务过程中产生的、外购获得的各项数据，数据应用场景主要围绕内部降本增效、外部数据服务两类场景。通过剖析内、外部数据资源应用案例，为南钢的数据资产识别建立了实践基础。

2. 建立数据资产入表项目库

为充分发挥数据的叠加效应、模型的倍增效应，南钢于 2024 年初启动了"百景千模"三年专项行动，孵化优秀数字化案例，打造数据分析融合钢铁业务场景的新模式，赋能业务创造价值。在专项活动中，涌现了一批优质数据资源开发利用项目。通过对数据资源开发项目的全面梳理、评审，聚焦生产运营内部产生的数据及价值量化清晰的生产运营内部使用场景，形成了 2024 年南钢数据资产入表的项目基础。

（三）数据资源确认

在海量的数据资源中，数据资产入表在可行性、合规性方面是否规范并执行到位，一直是数据资产备受关注的重点。经过多方研讨及实践分析，南钢在数据资产确认方面形成了一套从数据资源到数据资产的认定标准。

1. 明确数据资产的确认形式及核心要素

结合《暂行规定》要求，根据数据资源的持有目的、形成方式、业务模式，以及与数据资源有关的经济利益的预期消耗方式等，南钢数据资产主要来自内部基于工艺生产流程、经营管理场景的降本增效应用场景，以及部分对外提供数据服务的场景，符合数据资产中"无形资产"的确认条件。

在数据资产的认定方面，南钢确立了以"数据+模型"为核心要素的入表方案。即在坚实的数据治理基础上，数据资源应紧密围绕特定的应用场景或价值运营目标进行开发利用，通过深度融合工艺机理与业务流程，并借助先进的机器学习模型与算法驱动，实现数据价值的深度挖掘与高效转化，输出具有实际应用价值的数据结果，满足内部降本增效、决策支持、预测分析、业务预警提示等多元化需求，输出外部数据产品服务以响应外部客户与市场的多样化诉求，从而创造经济价值。

通过确立这一核心理念和方案，为南钢数据资产化明确了推进路径，有效促进数据资源价值最大化，为企业的发展创造可持续的经济利益与竞争优势。

2. 明确数据资产的确认时点

基于《暂定规定》与无形资产会计准则的要求，南钢在数据资产确认过程中，必须经过充分的可行性研究，如对相关数据集的范围、来源及质量进行梳理，对数据模型的工艺机理进行深入研究并形成理论依据支撑，对模型进行测试以验证其输出数据的可用性、可靠性，开展行业对标并有成功案例借鉴等，可行性研究结果要形成结论及测试过程记录。在可行性研究的基础上，通过启动立项评审进入开发阶段，才能具备数据资产开始成本归集的时点条件。

3. 确保数据资产达到确认条件

结合《暂定规定》与无形资产会计准则的要求，南钢将数据资产确认要求归纳为"成本计量可归集、场景价值可量化、质量效用可评价、数据结果可读取、权属清晰可控制"。具体在实操中，以上要求均融入到数据资产的立项要求及建设过程中，在项目立项报告中，要求说明数据资源开发的作用机制、资源、预期收益等内容。数据资产立项需经过专业领域技术专家和数据资产管理办公室的严格评审并备案，确保每个项目的透明度和可追溯性，便于后期跟踪及评估。

4. 确保数据资产合规确权

在数据资源的合规性方面，当前南钢入表数据资源主要来自内部生产经营过程中的自有数据，如涉及对外服务场景及外部数据，要求明确数据的加工使用权、产品经营权、资源持有权等权属约定。通过立项、合同的严格把关，保障数据资源能够满足资产确认的合规权属要求。

（四）数据资源计量

为实现合规入表，南钢制定了《数据资产管理流程及核算办法（试行）》，规范了数据资产初始计量的确认标准、后续计量及处置等核算要求，形成了较稳健的数据资产入表规范。

1. 会计计量与核算

在数据资产会计计量的过程中，南钢结合既往数智化建设的管理经验，探索建立了以"数据+模型"为数据资产入表载体、以项目为数据资产入表抓手的管理模式，搭建了数据资产的数据产品创新、全流程项目管理、会计计量及价值评估体系协同并行的"三线五步法"方法论体系（见图7-1）。

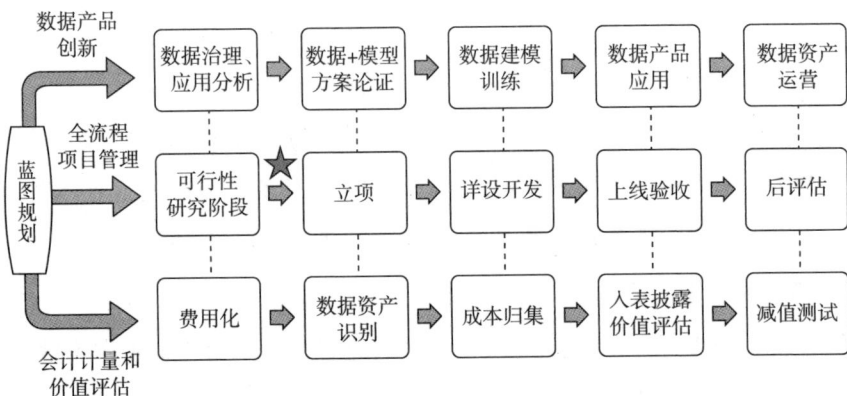

图7-1　南钢数据资产入表"三线五步法"方法论

其中，"数据产品创新线"是数据资源建模开发过程，包括数据治理、数据应用场景设计及试验、数据模型设计、数据建模开发及训练、数据产品应用、数据资产质量管理及后续运营等数据资源的全生命周期管理。

"全流程项目管理线"是数据资源开发的管理过程，包括前期研究、数据产品方案设计及立项、模型开发、上线验收和后评估等项目管理流程。每项数据资产建立专用数据资产编码，将数据产品的规范要求融入现有的项目管理体系。

"会计计量与价值评估线"是数据资产的核算与评估过程，包括对象识别、动态成本归集、量化价值评估、入表披露、减值测试等环节。通过专属的数据资产项目编码，动态归集数据资产立项后至竣工验收的全过程中与数据资产直接相关的数据清洗及加工成本、参与数据资产项目的在职人员薪资、费用支出等。

2. 后续计量与确认

在折旧政策方面，南钢数据资产管理办法中要求，数据资产的预期寿命由项目业主单位根据数据资源相关产品、业务、技术、工艺生产运行模式和后续规划、数据权利限制、更新频率和时效性、有关产品或技术迭代、同类竞品等因素合理估计预计使用年限。数据资产在使用寿命内，按直线法摊销，并于每年年度终了，对使用寿命及摊销方法进行复核。

在减值政策及价值管理方面，南钢数据资产管理办法中要求，数据资产管理办公室每年组织数据资产的后评估，项目业主单位对可能发生减值的数据资产予以登记并及时评估，根据内部及外部信息以确定数据资产是否存在减值的迹象，对存在减值迹象的数据资产进行减值测试，估计其可收回金额。此外，无论是否存在减值迹象，至少于每年年度终了对使用寿命不确定的数据资产估计其可收回金额。

3. 列示与披露

在 2024 年第一季度首批披露数据资产的 18 家上市公司中，南钢股份位列其中，率先将数据资源列为生产要素迈出了实质性、标志性的一步。

2024 年三季报显示，南钢股份（600282.SH）资产负债表日在"开发支出"科目下"其数据资源"科目期末账面价值 485.7 万元，在"无形资产"科目下"数据资源"科目期末账面价值 14.3 万元。

（五）数据资源应用

在理论规范基础、实践案例基础之上，通过"百景千模"专项行动的全面盘点，南钢对生产制造、运营管理以及对外服务等应用场景的深入挖掘，根据不同服务对象，形成了如下具有工业企业数据资产特点的应用场景：

1. 内部应用

提质增效类数据资产，在生产制造中，利用工艺参数、设备参数、性能参数、质量数据、实时监测及感知数据等数据集及模型来改善生产工艺，提高产品质量，降低能耗，实现生产效率提升和成本有效控制。在经营管理中，基于市场、销售、供应链、财务等数据及模型，优化经营决策，提高运营效率，降低运营成本。

例如，在高炉炼铁过程中，烧结矿是关键原料之一，烧结终点的位置和温度的精准控制是保证烧结矿质量及成本的关键。在烧结工艺环节，通过烧结操作端配料数据和生产过程中的各项工艺数，如混合料粒度、水分、温度、料层厚度、机速、风量等，建立数据的时间关联和空间关联，形成高质量数据集，搭建烧结终点温度控制模型，预测在当前各项条件下的重点温度及位置，给出优化调整参数，并实时反馈到操作端，从而达到对目标烧结终点温度和位置的稳定控制，实现返矿率由平均13.3%降低至12.3%，返矿率年平均降低1%，预计每年降低烧结人工成本及固体燃耗成本近千万元。

例如，高端棒线材的生产过程对产品标准、品种结构及性能质量等方面的要求极为严格，生产工艺中的关键过程参数对产品质量，尤其是产品性能，具有重大影响。在钢轧环节中，对质量设计工艺规范及生产过程中各工序的工艺参数进行了全面的收集，如出钢温度、出钢氧含量、真空度、过热度……构建质量在线监控及判定模型。当成品钢材在某个长度位置发现异常时，可以迅速获取该位置各工序的生产参数，对质量问题的异常过程数据进行快速、精准归集及研判，实现实时评级、封锁，提高问题分析效率，匹配处置预案，降低各类质量缺陷问题如返工、改判、判废量发生率5%以上，预计每年降低质量成本200万元左右。

2. 外部应用

生态服务类数据资产，对外提供行业数据、市场数据分析报告等服务，帮助客户在数据驱动的决策过程中取得更好的业务成果，同时也为企业带来新的收入来源。

例如，在供应链金融业务中为金融机构提供供应商履约数据，协助金融机构进行风险评估；开展行业数据产品开发，满足内部需求的同时，为外部客户提供解决方案。在数字产业化、智慧产业化进程中，为南钢提供新的经济增长点。

三、价值意义

（一）成效

1. 外部效应

南钢紧跟国家《"数据要素×"三年行动计划（2024-2026年）》等相关政策指引，充分发挥钢铁产业链数据资源丰富的优势，强化数据要素的乘数效应，《基于数据要素驱动的钢铁产业链协同智慧运营平台》项目取得2024年"数据要素×"大赛江苏省分赛工业制造赛道第一名，全国总决赛工业制造赛道第二名。

2. 内部效应

在南钢推进数据资产管理的过程中，受到了集团内各领域的关注和支持，各单位踊跃申报数据资产项目。一方面体现了公司上下对数据要素价值的重视，另一方面也提出了一个难题，几十个项目，哪些符合数据资产的要求？为此，南钢数据资产管理办公室经过内外部讨论，列出了一串问题攻关清单，从数据确权、数据资产的确认对象、成本归集范围、数据资产与信息化系统的区别、数据治理与数据资产的关系、数据资产的质量要求、数据资产的后续管理等各方面进行了思考、讨论、外部学习。

在若干个要解决的问题中，数据资产的价值评估一直是最关键也是最具挑战的课题。尤其在钢铁行业，生产工艺流程长，生产及运营管理过程中各项影响因素多，价值评估评价难度大。南钢针对不同场景的数据资产案例进行剖析，最终明确了以生产经营过程的关键技经指标为支撑、量化数据资产预期收益的要求，规范了量化收益的测算数据标准，同时融合了影响数据资产价值实现的重要因素，如应用、市场、质量、风险等，最终形成了南钢特有的数据资产量化价值评估方法。通过业务、数据、财务专家联合评审方式，建立价值评估管理组织，在保证质量、合规前提下，为数据要素的应用创新提供统一的评估原则、方法。

通过不断摸索、讨论，南钢逐步建立了规范化、系统性的数据资产运营管理体系，使沉淀的数据资源得到挖掘和利用，为公司各层级的管理决策提供数据支撑，有效推进降本增效及对外数据服务，促进了自身的数字化转型进程及智慧产业化运营能力。另外，通过项目管理、核算规范、价值评估等一系列措施，成功实现了数据资产的确认、计量和入表，将无形的数据转化为有形的价值，为解决数据资产管理过程中的各种挑战提供了宝贵的经验。南钢作为全国钢铁行业上市公司数据资产入表首例，为工业企业数据资产入表起到了标杆示范作用。

为了更好地推进数据资产入表工作，南钢将推进数据资产登记、挂牌等工作，持续强化与审计等专业机构的沟通，保证数据要素价值创新的同时符合审计合规要求。同时，筹建数据资产管理平台，围绕场景价值创造、"数据+模型"

驱动的全生命周期数据资产开发的项目化管理、探索数据产品化价值运营，计划研发构建适应钢铁工业制造企业特色的数据资产入表管理及运营工具，系统化地规范数据资产化项目开发过程管理、数据资产价值评估与运营、财务会计处理与审计溯源等，实现数据资产入表的可持续运营。

（二）后续计划

随着国家及地方数据局陆续成立，以及各层级数据要素市场的不断成熟，加速了跨领域、跨行业之间的数据流通共享及协同创新。南钢在做好内部数据价值挖掘前提下，将进一步探索数据要素流通市场的新机遇。一方面，南钢通过智慧产业化进一步深化数据产品的产业化运营，将自身实践产生的各类数据场景模型，在产业链、行业内实现数据资产价值变现；另一方面，将进一步尝试利用公共机构、行业开放的公共数据或数据产品，联合地方数据运营机构、数据交易所、数据知识产权登记机构等探索多方数据融合应用创新场景，从而促进数据资产登记、交易、融资信贷等价值运营闭环。

第二节　北京海新域城市更新集团有限公司①

北京海新域城市更新集团有限公司（以下简称"北京海新域"）成立于2022年3月16日，注册资金20亿元，资产总额364亿元，是北京市海淀国有资产投资集团有限公司一级监管企业，致力于成为国内领先的产业服务运营商。北京海新域专注于海淀区内老旧产业园区、办公楼宇、闲置土地、不良资产的升级改造、产业培育、产业资源整合及优化，并围绕"投资拓展—更新改造—产业运营—资产管理—智慧科技"五维一体的城市更新业务体系，打造新一代智慧化园区，为专精特新及高新技术企业发展提供空间、金融、技术、政策等多方面的助力，为区域发展注入新活力（见图7-2）。

---

① 案例来源：华东江苏大数据交易中心。

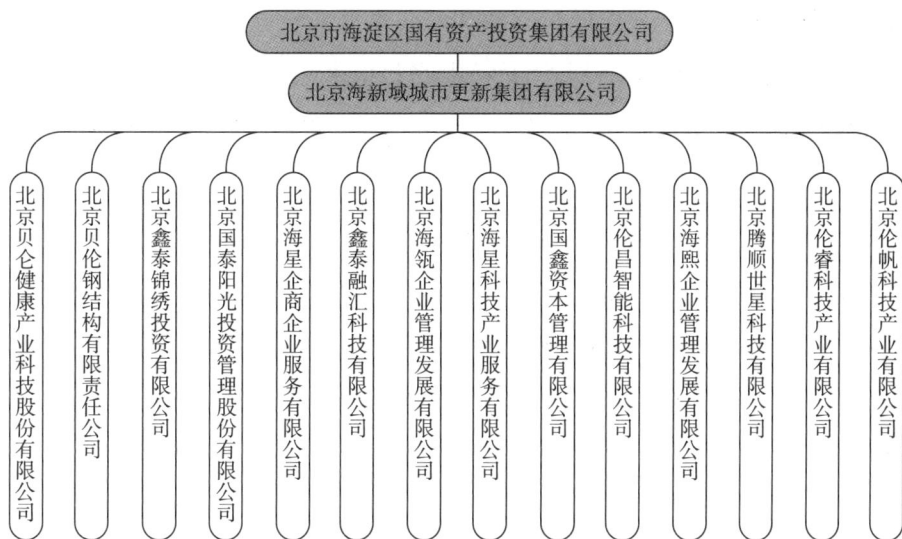

图 7-2 北京海新域及其子公司

一、案例背景

国有企业在数字化浪潮中扮演着"排头兵"的重要角色。北京海新域从成立之初就把数字思维运用到公司发展中，主动把握和引领新一代信息技术变革趋势，加速推进数字化转型，在无纸化协同办公、数字化项目管理、智慧化园区服务和大数据经营分析四方面重点突破。在数据赋能产业发展的探索中，北京海新域围绕海星医药健康产业集群、集成电路人工智能产业走廊、智能制造示范区以及金融科技示范区四大产业，通过丰富数字化应用场景和数字联动，为企业、产业发展做好数据洞察和分析，助力科学决策，帮助更多入驻海新域园区的企业做大做强，实现产业规模不断扩大。

二、方案路径

1. 管理机制落实组织保障

北京海新域在旗下设立二级数据资产运营管理公司，专门负责集团本部及其下属企业的数据资产运营与管理、出台一系列的数据资产相关制度与流程、搭建专业的数据资产管理平台，并进行模式输出。北京海新域建立数据资产管理（入表）利益相关者的沟通机制，对外与外部服务机构建立战略合作伙伴关系，对内和集团及其下属企业做好数据资产的确权、登记、运营等相关工作的沟通与权责划分。

2. 成熟场景摸索入表经验

北京海新域依托智慧化园区服务应用场景，率先在北京国际大数据交易所完成"智慧园区能源能耗数据集"和"智慧园区停车统筹数据集"两项数据集登记，并做了相关业务场景下的盈利模型搭建和预期的收益测算，开展历史取得成本的专项审计工作，顺利完成101万元的数据资产入表实践。这既是北京市海淀区首单数据资产入表，也是北京市首单绿色数据资产入表（见图7-3）。

图7-3 北京海新域北京市海淀区首单数据资产入表和

北京市首单绿色数据资产入表凭证

资料来源：华东江苏大数据交易中心。

3. 机构合作共同协调推进

北京海新域同数据资产入表价值链上的多家企业建立战略合作伙伴关系，倡议成立数据资产生态产业联盟，共同打造数据资产管理的生态环境。在数据资产入表的各环节建立战略合作伙伴关系，如数据资源化（福建福昕软件开发股份有限公司）、数据产品研发［浪潮云洲工业互联网有限公司、暗物质（北京）智能科技有限公司］、数据资产确权（金杜律师事务所、北京国际大数据交易所、北京中关村中技知识产权服务集团）、数据资产评估（北京中企华大数据科技公司）、数据资产入表（信永中和会计师事务所）、数据合规审计（金杜律师事务所）等。考虑到"智慧园区能源能耗数据集"和"智慧园区停车统筹数据集"两项数据集未来被银行、保险等机构购买的交易过程将在北京国际大数据交易所进行，预期交易价格以这两个数据集的估值和交易频次、使用方式等多因素磋商或竞价形成，因此，在现有入表时以无形资产入表。

三、价值意义

北京海新域基于"智慧园区能源能耗数据集"和"智慧园区停车统筹数据集"两个数据集的历史取得成本专项审计成果和预期盈利模型的分析与测算，共完成价值101万元的数据资产入表，以及2288万元数据资产的资产评估，并搭建了生态，发起成立数据资产生态产业联盟倡议。北京海新域数据资产入表案例的经验启示在于其准备定位数据资产入表的业务关系，以及为了实现这一定位所采取的一系列举措，如与多家知名企业建立战略合作伙伴关系，这一入表动作体现了国企在制度创新与实践过程中的担当，对其他国投和城投类企业在开展数据资产入表和数据资产管理方面有"灯塔"作用，值得学习和借鉴。

第三节　江苏钟吾大数据发展集团有限公司①

一、案例背景

在数字化浪潮的大背景下，钟吾大数据集团积极响应国家政策导向，把握行

---

① 案例来源：华东江苏大数据交易中心。

业发展趋势，以数据资产为核心推进企业管理创新，在智慧城市建设、工业互联网、金融科技等领域探索数据资源的深度开发和应用，并通过数据治理、数据质量评估、数据产品加工等专业服务实现数据知识产权的申报、数据资产评估、数据合规性审查等，推动数据要素的市场化和资本化，确立了数据资产的经济价值，为数据资产入表奠定了基础。

二、方案路径

钟吾大数据集团在数据要素市场化及数据资产管理等方面的工作探索自公司2023 年 5 成立之初启动，经时半年完成数据产品化、数据资本化、数据要素化和数据交易的全流程探索，此次探索工作总结为以下十个阶段：

（1）开发数据产品形成第一个数据要素产品。从项目启动与调研开始，到数据梳理与整合、数据质量管理与评估、数据模型设计与优化、数据合规审查与授权等各个阶段，最终完成数据产品的开发。过程中强调沟通、数据质量保障、数据模型的设计以及产品的持续优化，明确数据治理目标，开发出具有社会和经济价值的数据产品，提高数据利用价值，为后续的数据治理和产品开发提供重要参考和借鉴。

（2）探索数据产权确权路径获得宿城首张数据知识产权证书。完成数据产品开发后，审查其合规性以排除安全风险。确保数据来源合法，不涉及个人隐私和企业安全，遵守数据分类分级规范及国家安全法规。数据处理在安全域内进行，遵守"原始数据不出域，数据可用不可见"原则。2023 年 6 月 28 日在江苏省数据知识产权登记平台申报，并于 6 月 30 日一次性通过平台所有审核，7 月 10 日公示结束。至此，钟吾大数据集团正式获得宿城首张数据知识产权确权证书。

（3）探索数据知识产权质押融资完成数据资本化。数据资本化为数据拥有者提供新的融资渠道，激励企业提升数据价值创造能力，推动数据要素市场的活跃与发展，并带动金融领域的创新，可以通过数据知识产权质押、数据知识产权证券化和数据知识产权投资等方式进行。2023 年 7 月 31 日，钟吾大数据集团以数据知识产权，分别向南京银行宿迁分行、江苏银行宿迁分行质押融资 1000 万元，完成数据资本化的全新探索。

（4）构建数据产权保护体系完成宿迁首单数据防侵权保险。充分考虑数据安全、公共利益和个人隐私，把握数据的特有属性和产权制度的客观规律，尊重数据处理者的劳动和相关投入，发挥数据对产业数字化转型和经济高质量发展的支撑作用。2023年8月9日，钟吾大数据集团与人保财险宿迁分公司签订数据知识产权被侵权损失保险合同，标志着宿迁市首单"数据知识产权被侵权损失保险"正式落地宿城。

（5）坚持质量至上原则完成宿迁首份数据质量评估。数据质量评估帮助公司发现数据中的问题和缺陷，提高数据的准确性、完整性、一致性和可靠性，从而更好地支持决策制定和业务运营。通过数据质量评估，可以了解数据的质量状况，制定改进措施，提高数据质量水平，增强数据的可信度和价值。2023年11月，钟吾大数据集团联合中国质量认证中心开展数据要素产品质量评估，历经一个多月在12月15日获得宿迁市首个数据质量评价证书。

（6）奠定市场化定价基础完成宿迁首份数据资产评估报告。数据资产评估奠定了数据要素市场化的定价基础，有助于增强交易信任，促进资源有效配置，同时对激发创新、规范市场秩序、加速市场流通并吸引投资有助推作用，使数据资源能够充分发挥其经济价值。2023年10月中旬，钟吾大数据集团联合第三方专业资产评估公司启动数据资产评估项目，深入探索成本法、市场法、收益法等评估方法，于12月上旬完成宿迁市首份数据资产价值评估报告。

（7）筑牢安全合规意识完成宿迁首份数据交易法律合规意见书。在数据要素市场化过程中，合规审查能够保障各方的合法权益，维护市场秩序，降低法律风险，增强信任度，并推动行业规范发展。钟吾大数据集团在数据要素化先行先试探索中，以坚持数据安全合规为基本原则，2023年10月初委托泰和泰律师事务所，历经2个月完成数据交易前所有项目合规审查，拿到宿迁首份数据交易合规法律意见书。

（8）入驻华东大数据交易中心成为专业数商。大数据交易所在构建数据要素市场、提升数据治理水平和助力数字经济发展扮演着重要角色，同时对促进数据流通、发现数据价值并推动数据产业发展也有重要意义。钟吾大数据集团在明确企业定位成为专业数商后，深知依托大数据交易所才能更充分参与到数据要素市场化的各个环节中，随即启动与全国第二个大数据交易中心华东大数据交易中心的深入合作，入驻成为华东大数据交易中心专业数商。

（9）挂牌数据产品达成宿迁首单数据产品场内交易。数据交易能变现数据价值、激发活力、优化资源配置、提升效率，激发创新、建立价格机制、提升质量与管理水平，促进产业协同、增强活跃度并推动数据开放共享，对数据要素市场健康稳定发展意义重大。在完成前序所有准备工作后，2023 年 12 月 15 日严格筛选首个数据产品交易主体，钟吾大数据集团开出首张数据交易发票，完成宿迁首单数据产品场内交易。

（10）审慎操作实现宿迁首家企业数据资产入表。数据资产入表明确了数据的资产属性与价值，有助于推动数据相关业务投入与创新，加速数据要素市场发展，激发数据交易与流通活力，优化资源配置，提高数据利用效率。钟吾大数据集团深入研究会计准则明确数据资产的确认标准、价值评估的合理性、数据质量和准确性的保证，以及数据安全重要性，建立健全数据资产管理和核算制度，明确各环节的职责和流程，同时保持与专业机构的良好沟通，于 2024 年 1 月初完成数据资产入表，实现宿迁首单数据资产入表。

三、价值意义

钟吾大数据集团在数据资产管理与入表方面的实践，不仅标志着企业对数据价值的深度挖掘，也展现了数据作为核心资产在推动企业转型和创新发展中的重要作用。通过构建全面的数据资产管理体系，钟吾大数据集团成功将数据资源转化为经济效益，为企业的决策支持、风险管理和业务创新提供了强有力的数据支撑。

钟吾大数据集团的案例为行业内外其他企业的数据资产管理（入表）提供了宝贵的借鉴。首先，企业应将数据资产管理提升至战略层面，充分认识到数据资产在现代企业竞争中的核心地位，并将其作为企业创新和发展的关键资源。其次，企业应加大对大数据、人工智能等先进技术的投入，提升数据的收集、存储、处理和分析能力，实现数据资产的最大化利用。此外，数据资产的规范化管理和合理评估是确保数据价值实现的前提。通过专业的数据资产评估，企业能够为数据资产的交易、投资和融资提供准确的价值参考，促进数据资产的市场流通和资本化运作。同时，数据资产的合规管理和安全保护也是确保数据价值可持续释放的关键。

第八章

前景展望

第一节　数据要素市场建设与数据资产入表发展趋势

一、数据要素市场化配置进程加速

在政策指导下，数据要素市场的发展日益规范化，既有国内外实践已证实宏观政策对数据要素市场的有效引导作用。展望未来，数据要素市场基础制度体系将不断完善，公共数据运营模式及数据要素交易模式将日臻成熟，多层次多样化市场体系将更加合理，数据要素市场化改革将持续取得新成果。同时，在实践推动下数据交易模式创新步入快速迭代阶段。未来，数据交易所不仅提供供需对接服务，更关键的是建立覆盖技术、规则、机制等全流程的数据流通信任机制，提供数据及数据衍生品的综合交易服务。借助新型交易范式，推动交易流通服务体系及服务模式创新，进而孕育多方参与、分工细化、协同共建的数据生态系统。在确保数据安全前提下，充分发挥数据价值，促进数字经济和数字社会高质量发展。

二、数据管理走向全面协同智能

随着数据规模的不断扩大，数据管理能力和水平已成为国家和企业的核心竞争力之一。迄今为止，数据管理经历了从分散到全面、从孤立到协同、从低智能化到高智能化的显著变革。具体而言，一是首席数据官制度日益普及，正有力促进政府和企业全面数据管理，推动形成机构内部良性闭环；二是数据研发运营趋于一体化，数据管理由单一部门职责转变为机构自上而下的共同任务，促使各部门在业务和管理层面实现更为紧密的协同；三是智能化技术成为降低数据管理成本的关键，它能够实现数据自动化处理、智能分析和服务化输出，提供实时、精准的数据洞察，大大降低数据管理的复杂度，有效提升数据利用效率。

三、数据流通交易生态日趋完善

一是公共数据开放带动数据流通供给。近年来，我国在政策层面积极倡导公共数据的统一开放，鼓励各地积极探索非个人数据授权运营的新模式。未来，公共数据通过数据交易所挂牌上市、公共数据资产登记等形式进行流通的情形将不断增多。二是场景化技术分级框架促进数据安全流通。数据流通既要实现价值最大化，也要确保安全可控。要结合实际需求和应用场景，选取适当分级条件下的技术方案。三是可信流通体系将为数据有序流通提供保障。在企业现有小范围可信流通生态圈的基础上，未来将逐步融合打通企业和行业间的可信流通生态，形成规范的可信流通体系，在提高数据流通效率的同时实现对数据流通全流程的动态可控，确保数据的合规利用。

四、数据资产化步伐加快

一是数据资产化的发展环境得到显著优化。我国政府高度重视数据资产化的发展，相关部门陆续出台了一系列政策措施，预期政策支持力度将持续增大。二是数据资产化的参与主体范围不断扩大。除发达地区政府和互联网头部企业外，大型国有企业、工业龙头企业、金融机构等也逐步认识到数据资产化的重要性，成为发展主力。随着数据资产化技术和服务的发展，广大中小企业也将积极参与其中。三是数据资产品类不断创新，金融机构、企业和数据服务商共同探索数据信托、数据保险、数据银行等创新业务，推动数据资产化迈向新高度。

第二节　数据要素市场建设与数据资产入表实践建议

一、完善兼顾规范性和自主性的数据要素政策体系

在借鉴国际先进经验的基础上，结合我国国情和地方实际，制定数据要素相

关政策和法规，从宏观层面把握数据要素的整体发展方向，明确数据产权、数据流通和交易、价值挖掘与收益分配、数据治理等方面的原则性要求，规范并促进数据要素的有效管理和利用。高度重视数据安全的基础性工作，特别是制定数据隐私保护和信息安全管理的相关规定，以法律或法规的形式对数据安全技术研发、数据资产审计等予以明确规范，确保数据的安全性和保密性。同时，在操作层面上保持政策弹性空间，防范政策僵化，对于部分尚未明确的问题可以使用模糊性表述，为地方创新和试点试验留出一定自由度。此外，建立政策评估和反馈机制，定期总结政策实施情况和实践经验教训，不断调整和优化政策体系。

二、加强数据要素标准规范体系构建

开展基础性、关键性、系统性专项研究，在数据要素市场化体制机制、数据要素确权、数据产品定价、数据流通交易互信和监管、数据资产估值和入表方法、数据要素生态培育机制等方面广泛吸收国内外先进经验和实践做法，研制相关标准规范，包括强制性规范、指引性规范和操作指南，以及面向未来发展的倡导性规范体系，以保障数据要素市场的合规运作。同时，在充分尊重国家主权和发展利益的基础上，加强与国际接轨和交流，积极参与全球数据要素领域规则体系制定，推动多边、区域等层面国际规则协调，以提升我国在国际数据要素领域的地位，并为全球数字化发展贡献中国力量。

三、以公共数据为切入点探索数据资产入表路径

公共数据作为数据资源的重要组成部分，对其开展入表研究可以规避数据权属的复杂性，符合数据要素"三权分置"理论。因此，应加快公共数据授权运营顶层设计，配套完善公共数据授权运营相关机制体制，开展公共数据运营场景应用的开发，满足社会对数据产品的多样化需求。同时，建立公共数据登记确权、评估计价和资产入表的政策"闭环"体系，明确公共数据授权协调机制、收益分配机制和开发利用实现路径等方面关键要求，促进公共数据高效合规流通。此外，开展公共数据资产评估和入表审计试点工作，逐步探索数据政治价值、经济价值、社会价值等的管理审计，充分挖掘数据潜能，推动数字化转型进程，发挥数据要素的生产功能。

四、加强数字化技术方法创新应用

数字技术具有更新迭代快速、溢出效应显著的特点，是实现数据价值化的工具和保障。随着数据开发利用的不断深化，尤其是在数据管理、数据资产估值和数据质量审计等方面，传统的数字化技术和应用方法已难以满足需求，开展相关技术的战略规划和超前布局显得尤为必要和迫切。为此，应支持研究机构和企业开展技术研究和开发，鼓励应用人工智能、大数据分析、数据挖掘等新技术手段，提高数据管理和利用的自动化和智能化水平。同时，建立政产学研用一体化合作机制，促进资源共享和成果交流，推动技术的转化和应用，增强研发成果的科学性和实用性，逐步消除数据流通利用的理想图景与现实间的技术鸿沟。

五、构建卓越的数字人才梯队

建设一支高素质、专业化的人才队伍是发挥数据价值的关键。第一，聚焦数据要素、数据资产等领域，全面培养和造就涵盖战略科学家、领军人才和创新团队，以及卓越工程师、大国工匠等在内的各类复合性、互补性人才。第二，建立健全人才培训体系和引进机制，提升人员的专业素养和技能水平，培育具有国际视野和国际竞争力的数据人才。第三，加强人才考核评价工作，注重将理论水平和实践能力相结合、过程评价和结果评价相结合、短期评价和长期评价相结合，鼓励在数据开发利用模式、路径、方法等方面大胆探索和创新，从而形成开放包容的人才生态。

参考文献

[1] Chen D Q, Preston D S, Swink M. How the Use of Big Data Analytics Affects Value Creation in Supply Chain Management [J]. Journal of Management Information Systems, 2015, 32 (4): 4-39.

[2] Curry E. The Big Data Value Chain: Definitions, Concepts, and Theoretical Approaches [J]. Springer International Publishing, 2016 (3): 29-37.

[3] Farboodi M, Veldkamp L. A Growth Model of the Data Economy [R]. Working Paper, Columbia Business School, New York, 2019.

[4] Faroukhi A Z, El Alaoui I, Gahi Y, et al. Big Data Monetization Throughout Big Data Value Chain: A Comprehensive Review [J]. Journal of Big Data, 2020, 7 (1): 3.

[5] Fisher T. The Data Asset: How Smart Companies Govern Their Data for Business Success [M]. New York: Wiley, 2009.

[6] Peterson R E. A Cross Section Study of the Demand for Money: The United States [J]. The Journal of Finance, 1974, 29 (1): 73-88.

[7] Ugur, Algan. Anatomy of an E&P Data Bank; Practical Construction Techniques [J]. Leading Edge, 1997, 16 (6): 1-23.

[8] Yan C S, Vikram H. The Economics and Implications of Data: An Integrated Perspective [J]. IMF Departmental Papers/Policy Papers, 2019 (13): 1-42.

[9] Yousif M. The Rise of Data Capital [J]. IEEE Cloud Computing, 2015, 2 (2): 4-14.

［10］白永秀，李嘉雯，王泽润．数据要素：特征、作用机理与高质量发展［J］．电子政务，2022（6）：23-36．

［11］陈兵．科学构建数据要素交易制度［J］．人民论坛·学术前沿，2023（6）：66-78．

［12］陈利强，刘羿瑶．海南自由贸易港数据跨境流动法律规制研究［J］．海关与经贸研究，2021，42（3）：1-14．

［13］陈蕾，李梦泽，薛钦源．数据要素市场建设的现实约束与路径选择［J］．改革，2023（1）：83-94．

［14］陈徽因，李永刚．基于用户对象的数据资产价值评估方法总结与研究［J］．国有资产管理，2022（7）：62-70．

［15］戴双兴．数据要素：主要特征、推动效应及发展路径［J］．马克思主义与现实，2020（6）：171-177．

［16］杜庆昊．数据要素资本化的实现路径［J］．中国金融，2020（22）：34-36．

［17］国家工业信息安全发展研究中心．中国数据要素市场发展报告（2020~2021）［R/OL］．（2021-04-25）［2024-04-18］．https：//www. weiyun. com/document? fileId = RVBeT0dYaWVdVQ = = _ 2fb48e99f0a739ae12b58dcd423dce 4a_51d3f346-2e1c-4557-9b78-d5f3d0adb898&officeType = pdf&tdsourcetag = s_ wei yun_file．

［18］国家工业信息安全发展研究中心．中国数据要素市场发展报告（2021-2022）［R/OL］. https：//13115299. s21i. faiusr. com/61/1/ABUI ABA9GAA ggZSInAYozJSjqQE. pdf，2022．

［19］高富平．构建数据分类分级确权授权机制［EB/OL］．（2022-12-20）［2024-04-30］．https：//www. ndrc. gov. cn/xxgk/jd/jd/202212/t20221219_1343664. html．

［20］郭东硕，程正敏，彭茜．基于 Matlab 的层次分析法及其运用浅析［J］．中小企业管理与科技（上旬刊），2010（11）：269-270．

［21］高富平，冉高苒．数据要素市场形成论——一种数据要素治理的机制框架［J］．上海经济研究，2022（9）：70-86．

［22］郭琎，王磊．科学认识数据要素的技术经济特征及市场属性［J］．中国物价，2021（5）：12-14+26．

［23］何雨．国家审计与政府数据资产监管研究［J］．财会月刊，2023，44（7）：113-120．

［24］黄丽华，郭梦珂，邵志清，等．关于构建全国统一的数据资产登记体系的思考［J］．中国科学院院刊，2022，37（10）：1426-1434．

［25］蒋旭栋．日本综合数据战略探析［J］．信息安全与通信保密，2022（7）：140-149．

［26］季周，李琳．会计视角下数据资产化路径探索［J］．财务与会计，2022（16）：38-41．

［27］鞠雪楠，欧阳日辉．新一代人工智能领域数据要素定价的困境与出路［J］．价格理论与实践，2023（4）：28-32+96．

［28］联合国贸易和发展会议．2021年数字经济报告（概述）［R/OL］．(2021-09-29)［2024-04-18］．https：//unctad. org/system/files/official-document/der2021_overview_en_0. pdf．

［29］李勇坚．数据要素的经济学含义及相关政策建议［J］．江西社会科学，2022，42（3）：50-63．

［30］李红梅．数据资产及其价值评估研究［J］．黑河学院学报，2024，15（4）：51-54．

［31］陆施予，程博，樊柯馨．审计新领域：数据资产审计［J］．商业会计，2022（18）：46-48．

［32］罗玫，李金璞，汤珂．企业数据资产化：会计确认与价值评估［J］．清华大学学报（哲学社会科学版），2023，38（5）：195-209+226．

［33］刘刚，孙毅．房地产基础数据要素资产化的理论基础、演进规律与价值实现［J］．武汉金融，2022（5）：82-88．

［34］刘云波．数据、数据资产及其价值评估［J］.中国资产评估，2023（5）：51-56.

［35］李红光，王磊，李颖．数据资产化视角下企业增信机制研究——基于深圳的实践探索［J］.价格理论与实践，2023（4）：33-37.

［36］吕艾临，王泽宇．我国数据要素市场培育进展与趋势［J］.信息通信技术与政策，2023，49（4）：2-8.

［37］李锦狄，刘建戈，张鹏宇，等．关于电网数据资产化与价值评估的探索［J］.中国信息化，2020（12）：67-68.

［38］刘震，张立榕．数据资本形成及其特征的政治经济学分析［J］.学习与探索，2023（9）：84-92.

［39］李海舰，赵丽．数据成为生产要素：特征、机制与价值形态演进［J］.上海经济研究，2021（8）：48-59.

［40］刘雁南，赵传仁．数据资产的价值构成、特殊性及多维动态评估框架构建［J］.财会通讯，2023（14）：15-20.

［41］美国信息技术与创新基金会（ITIF）数据创新中心．比较世界各地的数据政策优先事项［R/OL］.（2023-09-05）［2024-04-18］.https：//www2.datainnovation. org/2023-national-approaches-data. pdf.

［42］孟飞，郭厚宏．数据资本价值运动过程的政治经济学批判［J］.中国矿业大学学报（社会科学版），2022，24（3）：57-70.

［43］马费成，卢慧质，吴逸姝．数据要素市场的发展及运行［J］.信息资源管理学报，2022，12（5）：4-13.

［44］欧阳日辉．我国多层次数据要素交易市场体系建设机制与路径［J］.江西社会科学，2022，42（3）：64-75+206-207.

［45］欧阳日辉，龚伟．基于价值和市场评价贡献的数据要素定价机制［J］.改革，2022（3）：39-54.

［46］普华永道．普华永道：数据资产估值体系框架的初步探究［R］.2022.

［47］潘程，陈玉华．浅谈数据挖掘技术在零售业中的应用［J］.中国新技

术新产品，2011（16）：160.

　　[48] 全国信标委大数据标准工作组．大数据标准化白皮书（2023 版）
[R/OL]．（2023-03-09）[2024-04-30]．https：//mp. weixin. qq. com/s/XsVz-
kVIAfnPLTtAYsh-qxg.

　　[49] 邱扬．数据资产的确认及相应审计程序的改进 [J]．中小企业管理与
科技（上旬刊），2021（11）：155-157.

　　[50] 权忠光，梁雪，邵俊波，等．生命周期视角的数据资产评估方法及其
适用性研究 [J]．中国资产评估，2022（9）：49-55.

　　[51] 戎珂，刘涛雄，周迪，等．数据要素市场的分级授权机制研究 [J]．
管理工程学报，2022，36（6）：15-29.

　　[52] 上海数据交易所联合发布．中国数据交易市场研究分析报告（2023
年）．[R/OL]．（2023-12-12）[2024-06-07]．https：//www. digitalelite. cn/
h-nd-8058. html.

　　[53] 上海数据交易所联合发布．全国数商产业发展报告（2023）[R/OL]．
（2023-12-12）[2024-06-07]．https：//13115299. s21i. faiusr. com/61/1/ABUIA
BA9GAAgh62WqwYoxMKB7wY. pdf.

　　[54] 四川省大数据产业联合会．四川省大数据产业白皮书（2023）[R/OL]．
（2023-12-01）[2024-04-30]．https：//www. hulianhutongshequ. cn/upload/tank/
report/2023/202312/1/af2a42498cba47c2ae21bfb101f1c61c. pdf.

　　[55] 孙莹．企业数据确权与授权机制研究 [J]．比较法研究，2023（3）：
56-73.

　　[56] 申卫星．论数据产权制度的层级性："三三制"数据确权法 [J]．社会
科学文摘，2023（10）：118-120.

　　[57] 宋宪萍．数据资本的利润来源及其极化效应 [J]．马克思主义研究，
2022（5）：133-144.

　　[58] 宋冬林，孙尚斌，范欣．数据成为现代生产要素的政治经济学分析
[J]．经济学家，2021（7）：35-44.

［59］寿东华，孙浩．能源企业数据资产管理研究［J］．管理会计研究，2022（2）：37-45.

［60］汪玉凯．数据治理的内涵、困境及其实践路径［J］．社会治理，2023（3）：4-11.

［61］王宁江．大数据的产权界定［J］．浙江经济，2015（17）：44.

［62］王建伯．数据资产价值评价方法研究［J］．时代金融，2016（12）：292-293.

［63］王传智．数据要素及其生产的政治经济学分析［J］．当代经济研究，2022（11）：26-33.

［64］王伟玲．培育数据要素市场的着力点［N］．经济日报，2021-12-20（10）．

［65］王伟玲．中国数据要素市场体系总体框架和发展路径研究［J］．电子政务，2023（7）：2-11.

［66］王璟璇，窦悦，黄倩倩，童楠楠．全国一体化大数据中心引领下超大规模数据要素市场的体系架构与推进路径［J］．电子政务，2021（6）：20-28.

［67］王谦，付晓东．数据要素赋能经济增长机制探究［J］．上海经济研究，2021（4）：55-66.

［68］王雪，夏义堃，裴雷．国内外数据要素市场研究进展：系统性文献综述［J］．图书情报知识，2023，40（6）：117-128.

［69］王俊，杨晓飞．光子芯片研究进展及展望［J］．世界科学，2020（12）：29-31.

［70］维克托·迈尔-舍恩伯格，肯尼斯·库克耶．大数据时代：生活、工作与思维的大变革［M］．杭州：浙江人民出版社，2013.

［71］吴志刚．厘清数据要素内涵特征　提升数据治理硬核能力［J］．数字经济，2021（11）：12-18.

［72］武腾．数据资源的合理利用与财产构造［J］．清华法学，2023，17（1）：154-171.

[73] 徐涛，尤建新，曾彩霞，等. 企业数据资产化实践探索与理论模型构建 [J]. 外国经济与管理，2022，44（6）：3-17.

[74] 徐翔，赵墨非. 数据资本与经济增长路径 [J]. 经济研究，2020，55（10）：38-54.

[75] 杨楠. 美国数据战略：背景、内涵与挑战 [J]. 当代美国评论，2021，5（3）：76-92+123.

[76] 杨农，刘绪光. 券商视角下资管科技的创新及展望 [J]. 金融电子化，2021（5）：40-42.

[77] 严宇，孟天广. 数据要素的类型学、产权归属及其治理逻辑 [J]. 西安交通大学学报（社会科学版），2022，42（2）：103-111.

[78] 郑海平. 数据资产价值评估方法研究综述 [J]. 广西质量监督导报，2021（6）：162-163.

[79] 朱晟. 审计视域下企业数据资产增值与防控管理的探索和实践 [J]. 投资与创业，2022，33（10）：207-209.

[80] 周丹阳. 数字时代互联网平台市场力量的反垄断分析 [D]. 华东政法大学，2020.

[81] 周毅. 基于数据价值链的数据要素市场建设路探索 [J]. 图书与情报，2023（2）：66-78.

[82] 张骥. 关于数据资产审计的若干思考 [J]. 产权导刊，2023（5）：42-45.

[83] 张立钧. 数据资产化前瞻性研究白皮书 [R]. 普华永道，2021.

[84] 张俊瑞，高璐冰，危雁麟. 数据资产会计：概念演进、解构与关系辨析 [J]. 会计之友，2023（24）：131-137.

[85] 张兆虎，郝路安，武成伟. 农村商业银行数据治理工作研究 [J]. 中国管理信息化，2022，25（8）：148-150.

[86] 张昕蔚，蒋长流. 数据的要素化过程及其与传统产业数字化的融合机制研究 [J]. 上海经济研究，2021（3）：60-69.

［87］张平文，邱泽奇．数据要素五论：信息、权属、价值、安全、交易［M］．北京：北京大学出版社，2022.

［88］张勇进，王璟璇．主要发达国家大数据政策比较研究［J］．中国行政管理，2014（12）：113-117.

［89］邹丽华，冯念慈，程序．关于数据确权问题的探讨［J］．中国管理信息化，2020，23（17）：180-182.

［90］中国资产评估协会．中评协关于印发《数据资产评估指导意见》的通知［EB/OL］．https：//www.cas.org.cn/ggl/427dfd5fec684686bc25f9802f0e7188.htm.

［91］中国信息通信研究院．大数据白皮书［R/OL］．（2021-12-20）［2024-04-18］．http：//www.caict.ac.cn/english/research/whitepapers/202112/P020211228472393829284.pdf.

［92］中国信息通信研究院．大数据白皮书（2022年）［R/OL］．（2023-01-04）［2024-04-18］．http：//www.caict.ac.cn/english/research/whitepapers/202303/P020230316608528378472.pdf.

［93］中国信息通信研究院．数据要素白皮书（2022年）［R/OL］．（2023-01-07）［2024-04-18］．http：//www.caict.ac.cn/english/research/whitepapers/202303/P020230316607527698986.pdf.

［94］中国信息通信研究院．数据要素白皮书（2023年）［R/OL］．（2023-09-26）［2024-04-18］．http：//www.caict.ac.cn/english/research/whitepapers/202311/P020231103487266783845.pdf.

［95］国家工业信息安全发展研究中心．全国数据资源调查报告（2023年）［R/OL］．（2024-05-24）［2024-06-04］．https：//cics-cert.org.cn/etiri-edit/kindeditor/attached/upload/2024/06/03/d6a0e57bc616fa1718b2292f6a219ff1.pdf.